Quand le reMariage devient l'heureux Mariage

La loi naturelle des couples heureux

« Divorcez s'il le faut, mais Remariez-vous ! »

Le (véritable) secret des couples heureux

Christian Vanhenten

1ère édition décembre 2017
Édition papier: ISBN : 978-2-9601476-5-0
Édition eBook: ISBN : 978-2-9601476-6-7

Tous droits réservés

Éditions de la bienveillance
Avenue de Merode 64
Rixensart, Belgique
info@aikicom.eu

<u>Autres livres par Christian Vanhenten</u>
Ne Cessez pas d'être gentils, soyez forts
Les Principes de l'Aïkido Communication
In Search of Martial Kindness

À ma chère épouse Blanca qui, en devenant ma seconde épouse m'a fait découvrir ce qu'est l'heureux mariage.

Table des Matières

Introduction **1**
De l'usage des genres 3
Les échanges que fait naître ce livre 3
De la vérité 4
Une question de vocabulaire 5
Un peu de phonétymologie 6
Prologue 7
Prélude 8
Chapitre zéro — Loi du Couple heureux **11**
Mariez-vous 13
La loi naturelle du couple heureux 16
Une tradition perdue 18
Chapitre Un — Le Couple 1.0 .... **21**
Premier mariage, tendre mariage 23
Les catégories de couples 1.0 27
Quand l'élève est prêt, le maître arrive 32
La séparation 33
La rencontre 54
L'ex 61
Chapitre Deux — Le Couple 2.0 .... **73**
Les deux amours 75
Amour en 3D 78
Le check-list 82
Résumons-nous 89
Engagement, sécurité affective 90
Le couple funambule 90
Quand la relation nous enferme et nous libère 93
4 stratégies adoptées par le couple 2.0 100
2 jeux que le couple 2.0 adore 105
Chapitre Trois où en êtes-vous **107**
« LA » question 109

Comment savoir alors ?	111
Épilogue	**121**
Et maintenant parlons-en	129

Introduction

De l'usage des genres

Ce traité s'adresse à vous, mesdames, s'adresse à vous, messieurs. Mais il se fait que notre bonne langue française est sexuée et qu'il n'est dès lors pas possible — ou alors faut-il être de style acrobatique — d'écrire sans évoquer le « il » ou le « elle ».

J'ai dès lors choisi d'écrire avec souplesse. Vous verrez donc que parfois :

- j'alterne — parfois de chapitre en chapitre ou parfois même de phrase en phrase — le genre du sujet : « *Il va la rencontrer. Elle part à sa recherche. Il l'a quittée.* »

- j'insère des « ou » : « *Il ou elle se rendra compte que ...* »

- J'ajoute des parenthèses aussi efficaces qu'inesthétiques : « *Quand il (elle) sera remplacé(e).* »

Bref, je ferai surtout appel à votre faculté de vous identifier au sujet ou à l'objet de la phrase selon que vous êtes un homme ou une femme.

Les échanges que fait naître ce livre

J'ai savouré sans modération les discussions que les premières ébauches de ce livre ont suscitées. Chaque fois que j'ai eu l'occasion de présenter les idées de ce livre entre amis, ce fut l'occasion d'échanges tantôt passionnés tantôt hilares à propos de la vie de couple. Et plus particulièrement comment chacun des participant(e)s à ces discussions s'est identifié(e) peu ou prou aux personnages et aux rôles décrits dans cet ouvrage.

À chaque fois ce fut l'occasion de vérifier la pertinence du propos de ce livre surtout quand il débouchait sur un questionnement constructif des étapes que chacun ou chacune avait traversées — ou était en train de le faire.

Bien souvent — et ce fut pour moi le principal

encouragement —, ces échanges contribuaient à donner de l'espoir à celles et ceux qui étaient dans les moments sombres de leur vie de couple et nourrissaient le bonheur de celles et ceux qui vivaient une relation épanouissante.

Je ne peux que vous souhaiter de vivre la même chose.

De la vérité

Vous vous en rendrez compte au fil de votre lecture, je n'ai aucune prétention à une quelconque connaissance supérieure. Je ne suis pas détenteur d'une sagesse particulière hormis celle acquise de mon expérience, de mes vies de couple et surtout de mes séparations plus ou moins réussies qui ont ponctué mes premières unions. Le contenu de ce livre a surtout évolué au fil des discussions depuis l'idée originale en 2012 jusqu'à ce jour. Les nombreuses personnes, les amis, les couples, les thérapeutes avec qui j'ai parlé de mon projet m'ont tous encouragé d'aller jusqu'au bout, jusqu'à la publication du livre que vous tenez dans les mains.

J'ai choisi d'aborder ce sujet grave sous le ton de l'humour pour éviter de sombrer dans la lourdeur. Je n'ai pas hésité à m'aventurer du côté des clichés pour provoquer vos réactions, pour que vous ne vous contentiez pas de simplement lire passivement ces lignes.

Car ce n'est pas l'intention qui m'a fait consacrer tout ce temps d'écriture. Mon intention est de vous inviter à réfléchir, à sortir des sentiers battus de vos pensées habituelles, celles qui viennent confirmer vos certitudes. Mais réfléchir sans se prendre la tête, avec le sourire, avec légèreté.

N'hésitez donc pas à n'être pas d'accord, à vous interroger, à partager les idées qui émergent de la lecture de ces lignes avec votre partenaire, avec votre ex, avec votre futur. Je vous jette en pâture une part de mon expérience et des enseignements acquis de l'écoute de l'expérience des autres. Écrire est toujours une mise à nu, je tâcherai de rester digne même dans ce plus simple appareil.

Une question de vocabulaire

Le remariage ou l'heureux mariage est l'homophonie qui est à l'origine de ce livre. Le mot mariage est à comprendre dans le sens large du terme et non limité à l'acte juridique ou la cérémonie religieuse. Le mariage est à entendre au sens d'une union choisie, d'une décision de construire une vie de couple. Qu'un acte soit posé par un fonctionnaire de l'état civil ou non, que le contrat s'appelle « mariage » ou « cohabitation légale » ou « PACS » ou toute autre appellation, ce qui compte c'est que les deux partenaires marquent leur décision de vivre ensemble et que celle-ci s'inscrive dans la durée.

Au fil des nombreuses discussions et échanges avec des personnes mariées ou non, divorcées ou en cours de divorce, seules ou en union libre ou pas, les expressions « *couple 2.0* » et « *couple heureux* » ont émergé.

Notez que « *couple heureux* » se prononce de la même manière que « couple-*re* », avec le *re* marquant la répétition qui doit vous être familier si vous avez déjà travaillé dans une grande entreprise ou une administration, où les collègues se rencontrant à multiples reprises se saluent d'un « re » signifiant « re-bonjour » ou « Je t'ai déjà dit bonjour ».

Les notations *couple 1.0* et *couple 2.0* seront utilisées pour distinguer le premier mariage et le remariage (l'heureux mariage). Ainsi, le couple remarié (heureux marié) ou le *couple heureux* (couple-*re*) sera le *couple 2.0* alors que celui de la première union sera le *couple 1.0*.

Remarquez ici que *1.0* et *2.0* n'ont strictement rien à voir avec les couples qui se rencontrent sur internet, via les réseaux sociaux ou sur les sites de rencontre. Il est bien sûr possible qu'il y ait un lien entre les *couples 2.0* et ceux qui se rencontrent via internet puisqu'au moment où j'écris ces lignes le pourcentage de couple qui se rencontrent sur la toile augmente de façon considérable (nous en parlerons plus loin dans ce livre).

En faisant disparaître ici et là, le mot mariage je rappelle à celles et ceux qui ont opté pour d'autres formes juridiques d'union qu'ils n'échappent pas à la loi naturelle du *couple 2.0* que vous découvrirez dans ce livre.

Un peu de phonétymologie

Le remariage ou l'heureux mariage me donnent l'opportunité de vous présenter une nouvelle science qui a pour objet la mise en évidence du sens des mots à partir de leur phonétique: la phonétymologie. Cette science que je viens d'inventer n'est pas récente. Beaucoup de personnes qui m'ont précédé en furent adeptes contribuant ainsi à la populariser avant l'heure. À tout seigneur tout honneur, je m'en voudrais de ne pas citer le maître de l'art, son docteur honoris causa, sa muse, son archétype, j'ai nommé l'humoriste belge Raymond Devos. Son exemple hante la mémoire de celles et ceux qui cherchent dans le son des mots des significations nouvelles.

Mais la phonétymologie ne se cantonne pas à l'humour. Dans le domaine de la communication et du développement personnel, citons Jacques Salomé, célèbre pour avoir associé les problèmes de genou à un problème relationnel (un problème de « je- nous »). Je ferai appel à la phonétymologie tout au long de ce livre, car il me semble qu'elle nous révèle de riches enseignements par les mots. C'est la phonétymologie qui m'a fait découvrir que l'heureux mariage et le remariage ne faisaient qu'un. C'est la phonétymologie qui m'a fait voir qu'à la fin du mot époux il y a cette lettre x, l'x qui révèle l'ex qui apparait au grand jour lorsque le mariage bat en retraite. Mes proches prétendront que la phonétymologie n'a été créée que pour dissimuler mes jeux de mots parfois faciles — lourds comme disent mes enfants — sous une couche de rigueur quasi scientifique. Qui sait, peut-être ont-ils raison ? Sans doute ont-ils raison. Bien sûr, ils ont raison. Mais vous verrez, cela peut être riche d'enseignement.

Prologue

Un jeune homme se languissait de ne pas rencontrer le grand amour. Ses amis qui avaient déjà fait l'expérience de plusieurs relations le plaignaient, mais celui-ci leur disait : « Chance ou malchance, l'avenir nous le dira ».

Puis il rencontra une fille et décida de l'épouser. Ses amis se réjouirent pour lui, mais lui leur répondit « Chance ou malchance, l'avenir nous le dira ».

Il eut deux enfants de cette union, mais le couple n'allait pas bien et ils finirent par divorcer. Ses amis le consolaient en lui tapant affectueusement sur l'épaule pour le réconforter, mais lui se contentait de leur dire « Chance ou malchance, l'avenir nous le dira ».

Il remit sa manière d'être en question, suivit moult séminaires de développement personnel et changea sa manière de vivre les choses, de s'écouter et d'écouter les autres. Et lorsqu'il rencontra cette femme qui était comme lui en recherche d'une autre vie, ses proches se réjouirent de le voir enfin heureux. Mais celui-ci leur répéta : « Chance ou malchance, l'avenir nous le dira ».

Ils étaient en accord sur de nombreuses choses, partageaient les mêmes passions et questionnements, mais elle ne pouvait englober dans leur bonheur ses deux enfants de l'union précédente et ses amis compatirent de sa situation déchirée entre homme et père. Lui, tentait de concilier l'inconciliable en murmurant « Chance ou malchance, l'avenir nous le dira ».

Une thérapie lui fit comprendre l'inutilité de s'accrocher à cette relation incomplète et sa séparation fut fêtée par ses amis qui enfin le virent libre d'un quotidien qui le rendait prisonnier. À un ami proche qui lui exprimait son soulagement qu'il ait mis fin à cette relation nocive, il répondit : « Chance ou malchance, l'avenir nous le dira ».

Il avait décidé de vivre seul, de se consacrer à ses enfants, à son métier, à ses passions, mais la vie lui fit croiser le regard qui le fit chavirer et comme l'éclair dans un ciel d'orage déchira le voile de sa vie affective. Il croyait avoir compris le verbe aimer et là il découvrait ce que voulait dire vivre aimant et être aimé.

Et lorsqu'il lui demanda de l'épouser, c'était comme s'il lui disait une évidence. C'était son second mariage.

Son bonheur a pris ses quartiers dans sa vie. Pas un jour ne passe sans qu'il ne se réjouisse de l'état de grâce de vivre un amour partagé. Au travers des vicissitudes du quotidien, elle et lui continuent de nourrir leur union à la source de leur amour.

Et à celles et ceux qui se trouvent confrontés à la douleur d'une séparation, il leur adresse un sourire empli de tendresse et de compassion en leur disant « Bonne chose, mauvaise chose, l'avenir le dira ».

Prélude

Je me suis marié à 25 ans, âge normal pour un mariage normal. L'histoire du conte ci-dessus est un peu la mienne à ceci près que je n'ai pas toujours eu la sagesse que raconte cette histoire. J'ai vécu ce parcours avec sans doute plus d'hésitations, plus de doutes. Mais surtout avec de moins en moins d'espoir de vivre un jour la vie de couple dont j'ai toujours rêvé. Je croyais que ce n'était pas pour moi. J'ignorais qu'avec le remariage, je connaîtrais l'heureux mariage.

C'est donc un message de réconfort, une tape amicale sur votre dos vous qui n'avez, à ce jour, pas encore connu ce bonheur d'être en couple. Je ne vous promets pas non plus de vivre en permanence l'exubérance émotionnelle du coup de foudre qui — et son nom l'indique — est tout sauf permanent. Je veux vous dessiner le cheminement de celles et ceux qui ont rencontré le ou la partenaire avec qui ils vivent une relation vraie, dense sur le plan du lien. Une connivence entre deux êtres pleins. Un bonheur qui teinte chaque instant, même les plus difficiles et qui nous fait toucher la sensation de ne plus être seul, plus jamais. Car la rencontre de l'âme sœur — et si je déteste cette expression, je dois reconnaître qu'elle traduit pour la plupart d'entre nous ce que j'essaie de vous partager — nous transforme de manière radicale et inéluctable. Nous souhaitons bien sûr que cette rencontre soit suivie d'un parcours ensemble que l'on souhaite le plus long possible sachant que la vie n'est pas un long fleuve tranquille et qu'elle n'est pas sous notre entier contrôle. Cette dimension aléatoire est contrairement aux apparences un élément essentiel dans le bonheur à deux qui s'accommode très mal des « maintenant c'est fait » et des « ça y est j'y suis ».

Carpe Diem est la devise des couples heureux qui refusent de se laisser anesthésier par un bonheur sourd qui les engourdit. Le remariage (lisez l'heureux mariage) est l'histoire de celles et ceux qui ont eu la chance de rencontrer — mais la chance se provoque — puis de cheminer avec celui ou celle qui les révèle à eux-mêmes.

Chapitre zéro

La loi du couple heureux

La recette est simple : devant une résistance résolue, on ajoute un zéro. Rien ne résiste à ça. (Pierre Le maître, La robe de Marie)

Mariez-vous, mariez-vous qu'ils disaient ! Ils ne disaient pas que par cet acte censé nous engager à vie nous avions une chance sur deux de rejoindre la cohorte des mariages qui finissent devant un juge prononçant le divorce.

De toute façon, cent pourcent des gens qui divorcent sont des gens mariés, c'est quelque chose qui doit être dit, non ?

Si les divorces sont aussi fréquents, ils ne peuvent plus être considérés comme une fatalité, un accident, mais bien comme une étape de la vie. C'est un peu comme la première communion pour les catholiques. Chacun sait qu'elle sera suivie de la grande. Le premier mariage (mais vous pouvez lire la première union), c'est comme le service militaire de dans le temps, pour les hommes, un passage qui, comme le dit Jacques Brel, déniaise les adolescents sur le tard pour en faire des hommes — même si tout le monde sait qu'en réalité ces quelques mois sous les drapeaux leur apprenaient surtout à boire.

Nous manquons de rituels qui marquent les grandes périodes de passage de notre vie. Le mariage en est un. Le divorce aussi.

La bonne nouvelle, c'est que le divorce ne nous replace pas à la case départ, à cette époque d'innocence d'avant de dire le oui pour la vie. Quand le curé proclame « pour le meilleur et pour le pire » aux jeunes époux en passe d'être unis, ceux-ci, tout éblouis de l'amour qu'ils éprouvent l'un pour l'autre, ne comprennent pas le sens du « et » de cette expression. C'est bien du meilleur et puis du pire qu'il s'agit. Ce n'est pas un choix, c'est une séquence. J'entends déjà ici les corbeaux et autres mauvaises langues me dire que ceci n'est que le propos d'une personne désabusée, que je suis contre le mariage. À ceux-là je réponds : que nenni ! Il n'y a sans doute personne qui soit plus pro-mariage que moi. Il ne s'agit pas ici d'un parti pris théorique ou d'une quelconque allégation irréfléchie.

Non ! J'affirme haut et fort que le mariage est la plus belle chose qui puisse nous arriver... Lorsqu'il prend la forme du nid de tendresse, d'amour, de sécurité affective sans oublier ce qu'il faut d'érotisme et de désir nécessaire à l'épanouissement sexuel et affectif des tourtereaux. J'ai énuméré chacun de ces qualificatifs dans le désordre et avec des intensités évoluant de manière variable et asynchrone tout au long du parcours des heureux époux. Car mariage heureux ne veut pas dire mariage lisse, monotone, baignant dans le doux et le confortable. Il y a des hauts et des bas, des frottements et des silences. Mais comme le dit le regretté Guy Corneau : « C'est le frottement qui nous fait sentir que l'on vit et en couple. Et il y a des frottements qui ne sont pas que désagréables ».

Ce que je voudrais démontrer tout au long de ces pages peut se résumer à un jeu de mots aussi peu élégant que clair : l'heureux mariage est le remariage. Lisez ces deux termes tout haut. Ils se prononcent de la même manière. Faites l'essai !

J'ai rêvé de ce livre un jour.

C'était lors d'un voyage dans les Pyrénées catalanes. C'est un des rares rêves durant lequel j'ai ri au point que cela m'a réveillé. J'ai partagé avec mon épouse quelques éléments de ces moments de créativité oniriques en lui disant que ce rêve d'écrire ce livre n'était qu'une idée comme ça. Mais je savais déjà en le disant que cette idée ne me lâcherait pas tant que je ne l'aurais pas couchée sur le papier.

Et je ne suis pas une imitation défraîchie de l'inspecteur Columbo qui, à chaque enquête, parlait de sa femme que l'on ne voyait jamais. Si vous avez lu attentivement ces dernières lignes, vous en aurez judicieusement déduit que je suis marié. Je vous le confirme. Je suis marié et pour être plus précis je suis heureux-marié ou remarié si vous préférez. Et je suis pleinement heureux d'être heureux marié ou d'être remarié (promis, je ne continuerai pas d'insister aussi lourdement sur ce jeu de mots !).

En tant que marié en seconde noce, si je regarde autour de moi, mes amis et connaissances du même âge, je peux dire que

L'heureux mariage

je suis dans la norme. La minorité c'est les mariés sans « re ». Celles et ceux qui ont dit oui quand ils avaient encore du lait derrière les oreilles. Celles et ceux qui ont pleuré dans l'église devant leur famille sous les rimes d'Yves Duteil. Celles et ceux que vous aurez peut être vus en rue, le garçon déguisé en fille ou la fille déguisée en canard, et qui vous ont demandé un baiser, ou de chanter avec vous pour les aider à faire de leur brûlage de culotte une réussite impérissable.

En tant que membre de la majorité silencieuse, de ces millions d'ex-mariés, d'ex-divorcés, je veux témoigner et faire entendre mon cri de bonheur aux « vingtenaires » en mal de prince ou de princesse charmante. Mesdemoiselles, jeunes hommes, ne vous tracassez pas, ne cherchez pas trop, votre prochain — et premier — mariage c'est un peu comme l'appart' que vous louez ou que vous allez louer. Ce premier logement, c'est pour apprendre. C'est pour vous permettre d'acquérir l'expérience d'un logis. Ce premier nid, vous le quitterez. Ce sera pour devenir propriétaire de votre nouveau bien comme le disent les agents immobiliers qui ne croient pas si bien dire. Il en va du mariage comme du logement. Le mariage c'est aussi une question de bien. De votre bien.

Le premier mariage est le passage dans la cour des grands, une étape qui fait de vous l'égal de papa ou de maman malgré le fait qu'ils ne sont sans doute plus ensemble depuis belle lurette. Le divorce de vos parents est un signe, mais ça vous laisse de marbre. Le premier mariage se vit le plus souvent dans une euphorie inconsciente qui réchauffe le cœur des divorcés. Une belle utopie. Le moment où l'on achète le billet de l'euromillion en écartant de son esprit les statistiques et les probabilités et où on se demande ce que l'on va faire de tous ces millions.

Le premier mariage ne peut se faire que dans l'inconscience et c'est bien ainsi. Jeunes filles, jeunes hommes mariez-vous. Si vous ne vous mariez pas, vous ne pourrez jamais vous remarier.

LA LOI NATURELLE DU COUPLE HEUREUX

LA THÉORIE QUI SOUS-tend cet ouvrage est aussi fondamentale qu'imparable. Il repose sur une loi naturelle, la loi du second mariage qui se résume par cette thèse :

Pour être heureux marié, il faut être remarié, c'est-à-dire se marier deux fois. Notez, l'homophonie entre « être remarié » et « être heureux marié ».

Corollaire numéro 1

On ne se marie que deux fois dans sa vie. Le premier mariage vous déniaise et vous initie à l'expérience de la vie à deux. Le second, l'heureux mariage ou le remariage vous épanouit dans le bonheur conjugal. C'est pour cela que je parle du second mariage pas du deuxième. En français, on parle de second s'il n'y a pas de troisième. Sinon on parle de deuxième.
Je vous vois vous esclaffer en évoquant telles ou telles connaissances qui ont déjà plus que deux mariages. Et vous avez raison : certaines personnes ont besoin de plusieurs premiers mariages pour en retenir toutes les leçons. C'est l'objet du corollaire numéro 2.

Corollaire numéro 2

Si vous vous êtes marié plus de deux fois, c'est que vous avez répété plusieurs fois votre premier mariage. Celui que vous êtes en train de vivre est soit le vrai second mariage — si vous êtes heureux — soit encore une répétition du premier mariage si vous n'êtes pas heureux dans ce mariage. Le second restant encore à venir.

Corollaire numéro 3

Les couples heureux dans leur premier mariage sont des

couples qui ont eu la chance de rencontrer leur partenaire de vie dès le début et qui ont réussi à évoluer ensemble pour passer au stade du *couple 2.0* en faisant l'économie d'un divorce, de l'inventaire et du partage des meubles, de la conciliation pour la garde des enfants, etc.

Si on les plongeait dans le futur, 10 ans, 20 ans, 30 ans ou plus après leur rencontre, et qu'on leur demandait de se choisir un partenaire, ils choisiraient assurément toujours la même personne. Parce que comme eux, leur partenaire a évolué. Parce que s'ils ne sont plus comme le jour de leur première rencontre et qu'ils ont cheminé ensemble dans une certaine convergence. Ils sont ainsi passés — de manière plus ou moins délibérée et consciente — au stade *2.0* sans vraiment s'en apercevoir. Ils ont bénéficié de l'immense privilège de vivre l'heureux mariage sans changer de partenaire.

C'est possible, mais ce n'est pas évident. De nos jours, ce n'est pas le plus courant, en tout cas. C'est une gageure d'apprendre et de s'épanouir pour passer de *1.0* à *2.0* tout en restant ensemble. Bien souvent nous n'évoluons pas au même rythme et parfois même de manière divergente. Le passage au couple *2.0* sans changer de partenaire sera parfois tout sauf un long fleuve tranquille. Le couple pourra ainsi traverser des moments de crise, de pause, de refroidissement, de blocage, de questionnements.

Corollaire numéro 4

L'adjectif « heureux » se rapporte au bonheur et il convient de s'entendre sur le bonheur que j'évoque ici. Il ne s'agit pas ici du seul fait de se sentir bien, de ne pas se disputer. Le bonheur ne peut pas non plus être ramené à la simple absence de souffrance ou plus généralement d'expérience négative. Le bonheur dont il s'agit ici est le bonheur que l'on connaît lorsque le couple devient l'espace où nous pouvons aller à la découverte de qui nous sommes vraiment. Vivre l'expérience du *couple 2.0* est un cadeau de la vie, un cadeau fondamental qui offre à chaque membre du couple d'aller à la rencontre de soi-même à travers une extraordinaire expérience de complicité et de partage.

Une tradition perdue

À BIEN Y REGARDER, cette loi du remariage n'est pas le fait d'une société aux valeurs déliquescentes centrée sur l'égocentrisme consommateur, sur un zapping relationnel ou sur une attente excessive qu'ont nos contemporains d'une vie de couple devant apporter le bonheur sans condition. Cette loi a en fait toujours existé.

Auparavant — à l'époque où on ne divorçait pas —, la tradition voulait que l'on se fiance avant de se marier. Cela se produit encore, mais la tradition se perd. C'est sans doute de là que vient cette loi naturelle du remariage. On s'engageait formellement à s'unir — un premier mariage en somme — puis, quelque temps plus tard, on procédait au mariage qui devenait ainsi la deuxième cérémonie et donc, le second mariage. Même si à cette époque la question du bonheur des époux n'était pas un point à l'ordre du jour, la sagesse populaire et séculaire avait mis en place cette structure de mariage en deux coups. Pour faire simple, on leur a donné deux noms différents.

L'usage des fiançailles s'est fortement dénaturé avec le temps. On se fiance encore, certes, mais on ne sait plus vraiment pourquoi. Se fiancer, c'est un peu comme souffler les bougies d'un gâteau d'anniversaire. Ça se fait, alors on le fait.

On retrouve aussi des spores de la loi naturelle du second mariage dans les cérémonies civile et religieuse. En Belgique, si au moins un des futurs époux est croyant, le mariage s'effectue d'abord civilement puis religieusement. Le mariage civil est l'étape obligatoire. Le premier mariage qui précède le second. Le mariage religieux, ah ça c'est autre chose ! On s'engage profondément, d'âme à âme, de cœur à cœur et face à toute la communauté. Vous retrouvez là toute la logique du second mariage. Le hic c'est que les rituels ont perdu leur sens. Ils sont organisés et exécutés par automatisme, parce qu'il faut, parce que l'on doit. On ne sait plus pourquoi, on ne se le demande d'ailleurs plus. Dès lors que le mariage civil est considéré comme une formalité, il perd son pouvoir de rituel et n'exorcise pas le sort, que dis-je, la fatalité, de la loi du remariage. Il est neutralisé.

Car l'énergie de la loi naturelle du second mariage doit se libérer dans l'éther marital. Si elle n'a pu se libérer par le doublon fiançailles-mariage ou par la double cérémonie civil-religieux, elle trouvera matière à s'exprimer à travers la séparation qui prélude au second mariage. Ce passage est obligé. C'est le cordon qu'il faut couper. La maturité maritale ne s'acquiert qu'en traversant le Rubicon, celui des secondes noces.

Ce n'est pas pour rien que les autorités ont facilité le divorce. La loi formelle, les lois des hommes, viennent, souvent avec retard, consacrer et confirmer les lois naturelles. Et elles le font avec une redoutable efficacité.

Le divorce n'est plus une démarche longue et compliquée. Sans enfants, le divorce est une formalité. Les autorités sont conscientes que le bien-être de la population nécessite de se marier deux fois et si le divorce est complexe, beaucoup hésiteront à se lancer dans l'aventure et resteront en couple faisant contre mauvaise fortune bon cœur, mais sans amour. C'est ce que les générations qui nous ont précédés ont fait. Ne les plaignons cependant pas trop. À cette époque, il était possible de vivre de vraies fiançailles ou de vivre un vrai double mariage qui les amenait de la maison communale à l'autel.

Depuis, l'eau a coulé sous les ponts. Les mœurs ont changé. Le divorce est devenu une transition nécessaire. Nos parlementaires l'ont compris, ils ont changé les lois.

Ce qui fait du divorce une étape d'une redoutable efficacité, c'est que la facilité de la procédure n'a rien enlevé au poids

... est le remariage

affectif de la séparation proprement dite. Il a simplement facilité la prise de décision. Et beaucoup de couples l'ont compris. Plus de 50 % des couples en tout cas. Le divorce est certes plus aisé que par le passé, mais il reste un rituel puissant de passage. Certes, il n'y a ni robe blanche ni jet de riz. Le divorce est une cérémonie que l'on accomplit dans la sphère privée, entre-soi, à l'abri des regards du plus grand nombre. Le divorce est le cocon dans lequel la chenille du premier mariage mute pour devenir le papillon du second. Le divorce est un moment empreint d'une solennité toute confidentielle. La facilité procédurale, l'absence de cérémonie visible, ne lui enlève cependant rien de sa lourdeur ni de sa solennité. On est loin de la légèreté qui prévaut pour le mariage civil quand il précède le religieux. Le divorce, c'est toute la force du NON. Il a la même intensité que le OUI qui l'a précédé. Et ceux qui ne l'ont pas compris risquent de basculer dans la répétition maritale karmique. Je vous en parlerai plus loin. Le NON du divorce est un OUI à la prochaine étape de la vie. C'est un engagement et non un renoncement à la première union comme on serait tenté de le croire. Ce NON est une libération, une éclosion.

Et les couples qui réussissent à se transformer sans briser leur union me demanderez-vous ?

Et bien ils devront à un moment donné de leur vie de couple s'inventer une manière de s'heureux-marier au sein de leur couple, décider d'une transition, marquer l'événement d'une manière qui leur est propre et qui soit suffisamment symbolique pour tous les deux. Certains couples feront ainsi un second voyage de noces. D'autres réitéreront dans l'intimité ou en public leurs vœux réciproques. D'autres qui avaient opté pour un couple sans mariage décideront, après vingt ou trente années de vie commune, de se marier.

Avant d'examiner plus en détail la phase essentielle de transition qui fait passer le couple dans la cour des grands (bonheurs), revenons un peu à ce premier mariage, celui du *couple 1.0*.

Chapitre Un

Le couple 1.0

Aimer c'est préférer un autre à soi-même

(Paul Léautaud)

Premier mariage, tendre mariage

Qu'il est tendre le premier mariage. Tout chaud, tout mignon, tout romantique : robe blanche, photographe aux multiples besaces, nuées de smartphones en mode photo et vidéo, les abonnements 3G, 4G chauffent. Invités endimanchés, familles exceptionnellement réunies au complet, témoins masquant derrière leur visage sérieux le mal de crâne du brûlage de culotte de la veille, salle de banquet décorée comme dans un dessin animé de Barbie. Tout est là. Rien ne manque.

Le lendemain du plus beau jour de votre vie

Les éclats de rire de la fête résonnent encore, le discours du témoin, les interminables bambas et autres farandoles marquent encore les pieds enfermés trop longtemps dans des chaussures aussi chères qu'inconfortables que déjà, le diabolique scénario du mariage no 1 se met en place : petit appartement, premiers soupers fades qui font déjà regretter les bons petits plats mijotés chez les parents, premier budget étriqué de couple et la promesse de se faire un merveilleux album de mariage avec les gigabytes de photos envoyés par tous les convives de la cérémonie nuptiale. Dans cette phase de lune de miel, tout est bon, tout est parfait. L'appartement est petit ? Normal, vous avez déjà vu des grands nids d'amour ? Le linge sale s'accumule ? L'occasion d'aller dire bonjour à maman et de faire le plein de plats qu'elle a surgelés pour nous. Les amis sont encore fort présents même si déjà on décline déjà quelques rendez-vous auparavant incontournables. Un système de filtrage insidieux se met en place. Il y a celles et ceux qui sont en couple et les autres, ceux qui cherchent encore. Leur mode de vie sans contrainte, que l'on partageait, il n'y a pas si longtemps encore, a déjà une petite saveur âcre de liberté perdue.

L'organisation de la vie quotidienne prend forme. Les

premières spécialisations se mettent en place : qui prend en charge le linge, qui prend en charge le débouchage de l'évier de la cuisine. C'est à cette époque qu'apparaît pour la première fois, le tube de dentifrice laissé ouvert par l'autre sur le lavabo. Le plaisir se mêle au devoir, les défauts du conjoint deviennent certes plus visibles, mais la vie reste belle.

La nature ayant horreur du vide, la grande étape que fut le jour du mariage étant derrière lui, le couple se met en quête de nouveaux buts.

Pour celles et ceux qui ont choisi le mariage pour échapper à l'emprise des parents et conquérir une hypothétique liberté, c'est l'heure de la prise de conscience. L'autre semble prendre le relai de papa ou de maman en s'appropriant le rôle d'empêcheur de tourner en rond. Tiens, l'appartement ne se range pas tout seul. Tiens, le frigo semble se complaire de rester éternellement vide. L'auto semble avoir oublié de faire le plein et il va bien falloir s'attaquer à payer les factures en attente. Pour d'autres, il en va tout autrement. La triade boulot-maison-enfants commence à prendre forme. Si le boulot est déjà réalité, reste à faire les enfants. L'acte d'amour devient utilitaire. C'est ainsi que se forme et s'exprime avec le plus de brio le « couple business plan » que je vous évoquerai plus loin dans cet ouvrage.

LE MYTHE DE LA RELATION NATURELLE

LE *COUPLE* 1.0 NE peut éviter le piège subtil de la « relation naturelle ». Je m'explique. La relation naturelle est l'état d'harmonie automatique qui découle de l'amour.

> *Quand on s'aime, on s'entend. Cela doit se passer sans effort, sinon ce n'est pas naturel et c'est peut-être le signe que l'on ne s'aime pas vraiment.*

Ainsi donc le couple se consolide ou se mine au travers des échanges quotidiens. C'est dans le désaccord que tout se joue.

Des études ont montré qu'il suffit d'observer les premières minutes d'un couple tentant de surmonter un désaccord pour savoir s'il durera. Le jeune couple se retrouvera ainsi rapidement devant le challenge qui le consolidera ou le détruira : dépasser les idées préconçues qui rendent l'union de deux âmes si attractives. Elles sont nombreuses et se sont nourries de l'imaginaire collectif.

Voici quelques mythes qui ont la peau dure :

- dans un couple on peut tout se dire et de manière spontanée,
- dans un couple l'harmonie est une conséquence naturelle, inutile de faire des efforts ce serait signe d'un amour fragile, voire superficiel,
- l'autre me rend heureux,
- si on s'aime on doit pouvoir deviner ce dont l'autre a besoin, ses attentes, ses désirs sans que celui ou celle-ci ait besoin de les exprimer.

LE PARADIGME DU COUPLE 1.0

LE PARADIGME DOMINANT DU *couple 1.0* est que l'autre est entré dans notre vie pour nous rendre heureux. Nous verrons que dans le *couple 2.0*, le paradigme ramène la responsabilité de notre propre bonheur sur nous-mêmes tout en nous rendant conscients de notre capacité de contribuer au bonheur de l'autre.

L'apprentissage du *couple 1.0* ou si vous préférez « son chemin de croix », c'est la découverte que si l'autre m'aime, il n'en est pas moins Autre. Adulte depuis si peu de temps, autonome financièrement (même si j'ai quelques crises d'amnésie qui me font oublier les coups de pouce des parents), je n'aime pas me réveiller et découvrir que les besoins de l'autre peuvent être distincts des miens ou du moins — et c'est parfois pire — asynchrones.

- J'ai envie d'un câlin, il est endormi, épuisé après sa

journée de travail.
- J'ai envie de lire, elle a envie de voir cette comédie romantique avec moi.
- Elle veut faire un tour en ville, je voudrais prendre le temps de vivre sans autre objectif que de ne rien faire.
- Il perd son temps à surfer sur les réseaux sociaux, elle ronge son frein devant le treizième épisode d'une quelconque série.
- Elle veut faire des courses, juste au moment où cette émission de jeu stupide est sur le point de se terminer, mais dont je veux néanmoins connaître la décision du candidat d'aller ou non en troisième semaine.

La fin de la période de la lune de miel s'apparente plutôt à ces matins de brouillard quand soudain on voit apparaître dans la brume cet autre avec qui l'on s'est marié. Il faut alors conduire ou se conduire sereinement. Pas de coup de volant brusque, molo sur la pédale de frein, regarder la route et pas le ravin.

Mais c'est l'âge des voitures nerveuses. La conduite à papa, trop peu pour moi. Je suis. J'existe. Je dois prendre ma place. C'est vrai quoi! Avant j'étais tout et maintenant je dois composer. Je n'ai pas quitté mes parents pour revenir dans une situation où j'ai des comptes à rendre. Et même si je suis ouvert, dans le dialogue, si j'ai lu dans les forums sur internet tout ce qu'il faut sur l'harmonie du couple, j'ai quand même retenu qu'il faut être soi et s'affirmer. Les différences prennent le pas sur les affinités communes. Les premières disputes déchirent un voile que l'on ne savait pas si fin et mettent à jour la dure et cruelle réalité : l'Autre est autre.

C'est la fin de l'état fusionnel, les illusions se dissolvent, l'élément porteur du couple, son moteur semble dysfonctionner. Chacun se rend compte qu'il va falloir faire un effort. Enfin, que l'autre prenne conscience qu'il ou elle doit faire un effort.

Cette prise de conscience peut se produire de différentes manières selon la nature du couple. Je vais vous en proposer plusieurs sans chercher le moins du monde à être exhaustif. Il n'est pas de couple qui soit à 100 % de l'une ou l'autre de ces catégories, le pourcentage peut varier dans le temps. La nature humaine est tellement créative !

LES CATÉGORIES DE COUPLES 1.0

Les couples « business plan »

Les couples « business plan » restent les yeux rivés sur la progression sociale, familiale, matérielle et financière. Déjà lors de leur rencontre, la phase de séduction ressemblait plus à un entretien de recrutement qu'à une parade amoureuse. C'est le concept de mariage de raison à la sauce actuelle. Le bon parti, celui ou celle qui plaira aux parents. Un bon CV démontrant les qualités de futur mari, de future épouse complètera avantageusement le minimum d'affection et d'attirance requis pour envisager une relation. Entre eux, c'est « je team » plutôt que « je t'aime ». Elle aime les enfants, il est ingénieur et fera une belle carrière, il est diplômé de telle école, elle s'est spécialisée dans l'humain. Les clichés homme-femme ont encore bonne presse auprès des couples « business plan » même si chacun s'emploie à mettre de l'huile dans les engrenages de la relation. Le couple business plan est un couple gestionnaire. Ils gèrent leurs émotions, le budget de la famille, les relations avec la famille, leur temps de travail et leur temps libre. Les malentendus éventuels, les désaccords, ils les traversent les yeux sur le chemin qu'ils se sont tracé. Ils sont prêts à tous les efforts pour y arriver et acceptent de vivre des moments moins agréables tant qu'ils sentent qu'ils poursuivent ensemble le même objectif.

Le couple « business plan » n'a d'yeux que pour la réussite du couple-entreprise. Les carrières professionnelles des partenaires restent encore fortement marquées par les différences entre homme et femme même si la carrière de madame prend plus de place qu'auparavant. Statistiquement, c'est encore l'épouse qui continue de prendre plus sur elle les contraintes inévitables liées au développement des filiales du couple. Je veux dire des enfants.

Le parcours du *couple 1.0* suit une séquence conventionnelle et bien rodée. On y voit se succéder le premier appartement, le terrain et le projet de construction ou bien la maison à retaper, le premier enfant, la crèche ou la gardienne, le deuxième enfant, la crèche ou la gardienne, l'école maternelle, la primaire, l'impossible équilibre entre le temps passé au travail, les navettes comme parent taxi, de cours de danse en leçon de solfège en passant par les soirées pyjama et classes vertes, la véranda pour plus d'espace dans la maison, le barbecue pour recevoir les amis et leurs enfants, la tondeuse, les humanités, les crises des ados, la maison plus grande, l'université, la maison trop grande, l'appartement à la campagne ou à la mer. Le logement reste décidément en phase avec l'évolution du couple.

Si vous rencontrez des couples « business plan » dans leur ascension irréprochable, il est aisé de les reconnaître. Il suffit de repérer leurs sujets de discussion. Les thèmes seront essentiellement axés sur les paramètres de gestion : les projets en lien avec la maison, avec la croissance des enfants avec comme *Key Success Factor* les résultats scolaires et le nombre d'activités parascolaires ou de vacances, les projets de vacances pour des destinations qui nécessairement doivent devenir de plus en plus éloignées et bien entendu les perspectives de carrière. Et j'allais l'oublier : la bagnole ! Et s'ils s'intéressent à vous, c'est à des fins de benchmark. Que faites-vous de mieux qui peut les inspirer à encore s'améliorer ?

Du mariage au jour du départ du petit ou de la petite dernière qui rend soudain la maison trop grande — mais disponible pour accueillir les petits-enfants pour permettre aux enfants de monter à leur tour dans leur dynamique business plan —, le couple « business plan » se reconnaît au timing parfait de son entreprise. S'il est question d'amour, c'est plutôt une question d'amour de l'objectif partagé, une communion d'esprit et d'intérêt.

Dans une certaine mesure, le couple business plan ressemble très fort au couple somnambule que je décrirai plus loin à ceci près que les partenaires business plan ont les yeux rivés sur leur objectif alors que le couple somnambule a les yeux fermés.

Les couples spontanés

Unis par amour, les couples spontanés ne peuvent être qu'heureux. Ils doivent être heureux. Complètement. Tout de suite. Et tout le temps. Bien souvent, ils se sont rencontrés sur un coup de foudre et planant sur le nuage de leur idylle, ils se sont mariés, convaincus qu'ils étaient que ce bonheur était le nouvel état euphorique dans lequel ils allaient se délecter toute la vie.

Ils prendront très vite conscience que le résultat n'est pas garanti. Après l'ivresse nuptiale, le quotidien reprend le dessus. Ils découvrent que la vie de couple ne les libère pas de leurs problèmes, mais qu'elle ajoute les problèmes de l'autre et, qu'en plus, elle en crée qui n'existaient pas quand ils étaient seuls. Pis encore : ils doivent prendre sur eux la manière différente qu'a l'autre d'appréhender et de résoudre ces difficultés. C'est le cas de Sylviane qui est tombée amoureuse de Pieter. Son flegme, sa désinvolture l'ont séduite dès leur première rencontre et maintenant qu'elle est mariée, ces qualités semblent plutôt relever d'une forme de je-m'en-foutisme qui l'angoisse. Sa manière de prendre tout à la légère et de reporter au lendemain les actions à entreprendre génère en elle une anxiété qui la prive du sommeil réparateur dont elle a plus que besoin depuis qu'elle a ce nouveau job.

Le désir, que dis-je, l'exigence des jeunes époux 1.0 spontanés d'un bonheur omniprésent est la bombe à retardement qui menace la relation d'éclatement. La moindre dispute, et surtout la première dispute, déchire le voile de l'insouciance.

« Je suis en couple, débarrassé des contraintes imposées par les parents, je n'ai pas l'intention de subir une nouvelle autorité. Mon bonheur est l'objectif de ma vie. Si je me suis marié, c'est pour être heureux. Alors oui, je l'aime. Mais si c'est pour me pourrir la vie, alors là, pas question ! »

Ce discours peut ouvrir la voie du questionnement fondamental, celui qui ouvre la porte de la métamorphose vers un nouveau couple, le *couple 2.0*.

Le couple des meilleurs ennemis

Vous les avez tous déjà rencontrés. Les couples de meilleurs ennemis semblent en dispute permanente. Ils se critiquent, s'engueulent, haussent les épaules quand ils observent le comportement tellement prévisible de leur partenaire qui les fait passer de la colère à la résignation en passant par le mépris. Les meilleurs ennemis se sont mariés un peu par conformisme, un peu par facilité, un peu pour en finir avec cette question de se trouver un conjoint, une conjointe. Pour rentrer dans le rang, pour faire comme les autres. Il fut peut-être question d'amour ou en tout cas d'affection. Ils ne le savent plus trop eux-mêmes, car ils se sont très vite trouvé un rôle. Chacun fait ce qu'il a toujours fait et sait ce qu'il ou elle doit faire pour que le couple perdure. Ni passion ni questionnement, la clé de voûte de leur couple est une certaine compatibilité avec le modèle standard du couple que l'on retrouve dans les blagues ou dans les films de série B. Madame cuisine, monsieur s'occupe de la voiture. Madame retrouve ses amies et parle des dernières idioties de monsieur tandis que ce dernier se complaît dans ses passe-temps favoris, et, avec ses copains, fait passer sa femme pour l'empêcheuse de tourner en rond. Il se plaint qu'elle se comporte comme une femme. Elle l'observe puis lève les yeux au ciel en soupirant : « Ah, les hommes ! » Il y a de l'inéluctable dans ce couple. C'est pour cela qu'il dure. Car il n'y a, ni chez l'une, ni chez l'autre, pas la moindre envie, ni désir que cela change. Surtout pas d'ailleurs. Et pour quoi d'autre ? Et pour qui d'autre ? Changer de partenaire et revivre la même chose ? Autant garder celui ou celle que l'on connaît.

Le couple somnambule

S'il existe autant de sortes de couples que de couples il reste néanmoins, en plus du couple business plan, du couple spontané et de celui des meilleurs ennemis, une catégorie particulière qu'il me faut évoquer. C'est le couple somnambule.

Le couple somnambule a développé une stratégie particulière pour résoudre les différends qui surgissent inévitablement dans la vie du couple : l'évitement. Les confrontations deviennent slaloms, silences et contournements. Très vite, les partenaires ont compris que pour vivre heureux il faut vivre chacun de son côté. Leur illusion d'un partenaire qui n'est là que pour leur bonheur s'est très vite dissipée et ils mettent en place une stratégie qui consiste à prendre ce qu'il y a à prendre de la relation et de combler le reste par soi-même. Lutter ne sert à rien, l'efficacité consiste à économiser un maximum d'énergie. C'est le syndrome du couple passif au sens que l'on utilise quand on parle des maisons passives : isolation maximale, dépense énergétique minimale. Pas de vague, pas de secousse. Fais comme si je n'étais pas là.

Le couple passif évite les conditions de la remise en question et risque fort de passer à côté de l'opportunité d'évoluer vers le couple vrai. Ce couple somnambule ressemble plus à une cohabitation de deux détenus partageant la même cellule qu'à un couple marié. On est proche du couple « business plan » à ceci près que les deux partenaires se contentent d'avoir des plans personnels compatibles plutôt qu'un plan commun. Ils se sont mis ensemble pour ne pas être seuls.

Quand l'élève est prêt, le maître arrive

Le *couple 1.0* est un vrai couple. Il a ses bons et ses mauvais côtés. Une fois la phase hormonale de la rencontre passée — certains disent parfois que cette phase dure 1000 jours — l'état amoureux n'est plus qu'un souvenir. Les petites chamailleries. — et parfois même les grosses disputes, mais alors quand elles sont passées — nourrissent une certaine tendresse, pour ne pas dire une tendresse certaine. Le compagnon de vie, la compagne de vie devient un complice, voire un témoin de ce qu'ils ont vécu ensemble. Ce temps passé ensemble les soude. Et même s'ils ne sont pas toujours heureux ensemble, leur vie commune, leur organisation de couple ou familiale deviennent leur paysage habituel au point de ne pas être tentés par d'autres lieux, plus agréables peut-être, mais où ils ne se sentiraient pas autant chez eux.

Si vous avez déjà fait l'expérience de visiter des maisons en vue d'un achat, vous me comprendrez. Certaines maisons sont parfois tellement mal aménagées ou tellement mal situées que vous vous demandez comment ses occupants ont fait pour tenir vingt ans. D'un côté l'autoroute, de l'autre le chemin de fer, la salle de bain désuète, la cuisine trop petite, le garage trop étroit, vous vous dites que même s'ils vous la donnaient, vous refuseriez d'y vivre. Mais ses occupants ont toujours vécu là. Chaque recoin est empli de souvenirs. L'autoroute, ils ne l'entendent plus. Le chemin de fer les berce. La salle de bain, ils allaient justement la transformer. Enfin, c'est leur projet depuis dix ans. Et en fait, ils hésitent encore à vraiment la vendre, car déménager est une montagne. Le grenier et la cave débordent de vieux objets. D'ailleurs ils ne sont absolument pas convaincus de pouvoir trouver une autre maison. Tellement de travail tout ça.

C'est ainsi que le *couple 1.0* peut s'installer dans ce que la routine a de confortable et ce que le passé commun a de rassurant. Et vous aurez beau évoquer le *couple 2.0*, tout cela n'est que chimère et beaux discours. Ils ne peuvent imaginer d'autre expérience que celle qu'ils vivent. Ils savent faire la différence entre ce qu'ils voient dans les films et leur vraie vie.

Mon fils vit à Namur. Lui et sa compagne ont un chat qui s'appelle Gribouille. Gribouille a grandi dans un appartement qu'il n'a jamais quitté. L'appartement, le bac à chat, l'arbre en corde sur lequel il grimpe et fait ses griffes, ses croquettes sont son univers. Il est choyé, aimé et ne manque de rien. Il est probablement heureux. Et lorsque mon fils et sa compagne ont acheté une maison et qu'ils ont voulu faire découvrir au chat le jardin, celui-ci les a regardés comme s'ils voulaient l'abandonner ou le soumettre à une épreuve dont assurément il n'allait pas se remettre. Ils ont abandonné l'idée et Gribouille continue de vivre confortablement dans la maison auprès de son bac à chat et de son arbre en corde.

Il est possible de vivre une vie en *couple 1.0*. Ce n'est ni bien ni mal. Seuls les intéressés pourront vous dire s'ils s'y sentent bien. Si la réponse est oui, c'est très bien. Si par contre la réponse est non, la bonne nouvelle c'est qu'ils peuvent faire quelque chose.

Quand l'élève est prêt, le maître arrive, nous dit le proverbe.

LA SÉPARATION

Le *couple 1.0* est l'étape incontournable d'une vie de couple heureuse, mais il n'est pas la destination finale. Du moins pour celles et ceux qui veulent aller jusqu'au bout de ce que la vie à deux peut apporter. Le *couple 1.0* contient en lui le germe de sa mutation vers le *couple 2.0*, mais la germination peut se passer de différentes manières, comme elle peut d'ailleurs ne pas se passer.

Comme je l'ai déjà écrit par ailleurs, il est possible de passer du *couple 1.0* au *couple 2.0* en restant avec le même partenaire.

C'est le cas particulier que j'évoque dans le corollaire n° 3 et qui est loin d'être le cas de la grande majorité des couples. Il est des prises de conscience au sein du couple qui équivalent à un divorce pour autant que cette prise de conscience se produise au même moment et chez chacun des deux partenaires. Ils ont ainsi l'opportunité d'entrer dans la seconde dimension sans passer par la case séparation.

Ce chapitre s'adresse à la grande majorité des autres, à celles et ceux qui passent par la souvent douloureuse, incontournable et néanmoins rédemptrice épreuve qu'est la séparation. Si vous n'êtes pas dans le cas, je vous invite néanmoins à lire ce chapitre ne fut-ce que pour mieux prendre la pleine mesure de ce à quoi vous avez échappé. Et puis, cela vous donnera des idées pour parler à votre ami, votre amie, votre frère, votre sœur qui doit affronter ce défi de la vie.

Questionnement

Vous avez le sentiment de ne pas être (encore) en train de vivre le bonheur du *couple 2.0*. Vous pouvez bien sûr vous faire à l'idée que ce n'est pas ou que ce n'est plus pour vous et continuer de vivre la vie que vous menez actuellement, mais je ne crois pas que ce soit votre cas. Si vous lisez ceci, c'est parce que vous pouvez sentir cette aspiration en vous, ce besoin d'autre chose. Pas de changer pour changer, pas de jeter pour recommencer la même chose (même si personne n'est à l'abri d'une telle erreur), non, vous savez que vous pouvez vivre autre chose, ou du moins vous l'avez senti. Peut-être que votre expérience actuelle ou la succession de vos dernières expériences commence à vous faire croire que ce n'est pas pour vous.

Vous êtes dans une nouvelle relation et vous vous demandez si vous êtes enfin arrivé au *couple 2.0* ou si vous n'êtes pas en train de recommencer une nouvelle expérience *1.x*.

Dans les deux cas, votre préoccupation est la même. Le

couple 2.0 n'est pas une nomination à vie. Comme l'indice de confiance qu'accordent les institutions de crédit aux États, il est possible de voir la cotation de votre couple ramenée à *1.x*.

Nous ne pouvons jamais dire que nous sommes arrivés à destination. La vie est un chemin qui parfois est confortable et parfois est jonché de ronces pour vous forcer à faire attention où vous posez les pieds. Que vous en soyez conscients ou non, vous êtes dans votre cheminement personnel. Sachez que votre expérience ne pourra pas vous être retirée. Chaque pas vous rapproche de vous-mêmes.

Trêve de bavardage. Revenons à nos moutons et voyons comment le *couple 1.0* entame sa mutation.

La fin du *couple 1.0* peut se vivre selon deux scénarios principaux : le coup de tonnerre dans un ciel bleu ou la dégradation progressive. Bien souvent, il s'agit des deux en même temps, la dégradation pour l'un des partenaires et le coup de tonnerre pour l'autre.

La lente dégradation

La vie suit son cours. Puis vient la crise. Elle coïncidera parfois avec la crise dite de la quarantaine, mais pas nécessairement. Cette crise se caractérise par une prise de conscience. Celui ou celle qui se réveille se rend soudain compte qu'il ou elle est peut-être passé(e) à côté de quelque chose. Prise de conscience que la situation a basculé progressivement dans la monotonie, dans l'habitude, dans le ronron, dans le train-train.
Prise de conscience soudaine de ne pas être éternel et me demander s'il me faut faire le deuil de mes rêves d'une vie heureuse. Je veux dire pleinement heureuse. Me demander si je veux, si je vais continuer de cette manière. Et s'il était possible de vivre autre chose ? Me permettre un nouveau baroud d'honneur ? Passer une fois encore, mais avec maturité, mon examen de passage vers la vie dont je rêvais, dont je rêve encore ? Accomplir mes rêves pendant qu'il en est encore

temps ? Revivre une nouvelle vie avant que l'âge ne marque trop ses effets ? Soudain me rendre compte de ce que j'ai sacrifié et en plus ne pas me sentir heureux. Car ce n'est pas ou ce n'est plus ce que j'espérais. Ce n'est pas comme cela que ce devrait être. Elle s'est laissée piéger par le quotidien. J'ai changé et lui pas. Ou alors c'est le contraire. Une chose est sûre, nous avons évolué, mais pas ensemble, et pas dans le sens que nous aurions voulu.

La fin du *couple 1.0* suivra de manière créative les étapes classiques du deuil décrites par Élisabeth Kübler-Ross : en sautant des étapes, en en inversant l'ordre ou en les répartissant entre les deux partenaires.

Le déni

Mon insatisfaction est là, mais je la nie. Je me dis que cela va passer, ce n'est qu'une mauvaise passe (mais il y en a déjà eu tellement), une crise de couple qui dure. Je me regarde dans le miroir et je prends lentement conscience du temps qui passe.

Et si ce n'était pas qu'une crise ? Et si c'était le signe de la fin de la relation ? N'ai-je pas déjà tout essayé ? Naissant dans un brouillard d'excuses, de rationalisations, de culpabilisation, d'accusations et autres procédés mentaux qui déforment notre vision de la réalité, l'insatisfaction prend progressivement forme et s'intensifie jusqu'à devenir quasi omniprésente qui nous mène au stade de la colère.

La colère

Je me rends compte que ma jeunesse est derrière moi, mais que j'ai encore des rêves. Je sens que ma liberté a été oblitérée et que je peux me ressaisir. J'enrage de voir l'autre ne pas changer, ne pas comprendre que nous allons droit dans le mur. Je me sens envahi(e) des reproches que j'ai envie de lui faire. Car il ne fait plus attention moi, car elle a basculé dans la routine, car il n'arrête pas de me critiquer, car elle râle tout le temps, car il ne pense qu'à son boulot, car elle ne voit plus que les enfants, car au lit c'est devenu d'un ennui insondable et que peut-être c'est le signe qu'il (ou elle) va « voir ailleurs ».

Et c'est ma faute aussi. J'ai contribué à laisser le temps éroder notre vie. Sans doute qu'au fond de moi, je sentais qu'il n'y avait pas grand-chose d'autre à faire.

Mais il est encore temps de reprendre les rênes de ma vie. Je peux alors passer au stade suivant.

L'expression

Je commence à mettre le sujet sur la table, à dénoncer ce qui ne me convient plus. Je me surprends à évoquer des perspectives nouvelles. J'en parle à mes amis ou mes amies. Je commence un journal intime dans lequel je m'épanche et quand je le relis, j'en ai le tournis : quelle vie je mène, moi ?

Si je sens que je dispose d'une capacité d'action, je serai alors tenté d'en user avec la pleine conscience de ce que je fais : envie de refermer le chapitre pour en ouvrir un autre. Mais je ne suis pas encore prêt à agir. Quelle responsabilité !

Si je n'ai pas ce sentiment de pouvoir agir, je peux sombrer dans l'impuissance. Dans les deux cas, je passe au stade suivant.

La dépression

Tristesse et remises en question n'en finissent plus. J'ai ce sentiment qu'il me faut toucher le fond pour me donner les moyens de l'impulsion, celle qui me fera remonter vers la surface. Je regarde autour de moi. Ce quotidien bâti jour après jour va voler en éclat. Cela m'effraie, cela m'attriste, mais je ne peux pas rester ainsi. Je m'en voudrais pour le reste de ma vie. Et les enfants ? Ai-je le droit de leur faire subir ça ? Mais si je reste, quel exemple je leur donne en vivant une vie qui ne me plait pas ? Est-ce cela que je voudrais qu'il retienne de la manière de vivre en adulte ? Et nos amis, et nos parents ? Est-ce que je n'exagère pas ?

Puis c'en est trop: « **Maintenant ça suffit !** »
Je suis prêt pour le stade suivant.

L'acceptation

La coupe est pleine, le *couple 1.0* n'est pas ce que j'attendais, quel que soit le confort qu'il m'offre ou qu'il m'a offert. Je garde de cette période tout le meilleur qui me donnera le grain à moudre pour passer au stade *2.0*. Je reprends confiance en moi, car je sens que je peux le faire. Oui, je peux le faire et en tout cas je ne peux pas accepter l'idée de rester là comme ça.

Celui ou celle qui traverse ce processus prend alors sa vie en main et traversera mieux la crise. En tout cas mieux que l'autre qui n'a pas encore pris conscience que la mécanique s'est mise en marche et que plus rien ne sera comme avant. Pour cet autre, celui ou celle qui subit, la crise ressemblera alors à un coup de tonnerre.

Le coup de tonnerre

Comme expliqué plus haut, le coup de tonnerre ne surprend qu'un des deux partenaires. Si certains couples naissent d'un coup de foudre, beaucoup d'annonces de ruptures sont vécues comme un coup de tonnerre dans un ciel bleu. Celui ou celle qui se fait surprendre n'a pas vu ou voulu voir les nuages qui se sont amoncelés. Ou alors le couple s'est habitué à vivre sous un ciel menaçant et continue de vouloir croire que si ça doit péter, ça pètera plus loin. Ailleurs, pas ici.

Nous ne sommes pas égaux face à une relation de couple dégradée. Certains ou certaines semblent s'en accommoder ; s'en plaignent, mais s'en accommodent. Puis en jour, la coupe est pleine pour l'un des deux. La rupture a pu avoir été évoquée, elle reste une fiction.

Puis elle devient réalité.

L'heureux mariage

Le faux oui

Le germe de la rupture est dans l'essence du *couple 1.0* comme je vous le disais plus haut. Et il n'est pas rare que la germination ait commencé dès l'échange des « oui » qui ont scellé l'union des deux époux. C'est le cas lorsque la décision n'était pas claire ou prise sous la pression sociale (« Qu'est ce que tu attends pour t'engager ? ») ou lorsqu'elle a été prise de guerre lasse : parce qu'ils étaient ensemble depuis si longtemps, parce que les autres couples se sont tous déjà mariés, parce qu'ils n'ont pas de raison de ne pas aller plus loin.

Le processus se développe de manière très progressive, parfois à pas feutrés. Les murs conjugaux se lézardent à coup de questionnements personnels largement agrémentés de comparaisons avec ce que semblent vivre d'autres couples. L'absence de pleine satisfaction du couple, l'installation d'une routine qui nous fait oublier le regard tendre pour l'autre, l'autre qui ne nous surprend (déjà) plus, autant de symptômes qui risquent de vous péter au visage lorsque vous croisez cette autre femme, ce bel homme, cette collègue, cet ami ou cette voisine. Lorsque vous êtes branché sur la fréquence « pas bien en couple », vous croisez des personnes qui vivent sans doute un semblable mal-être intérieur. Ainsi, cette autre personne vous éveille d'une certaine torpeur. Il ou elle vous met devant les yeux, la monotonie ou la déception qui a déjà gangrené votre couple. Il n'est pas nécessaire — même si ce n'est pas exclu — qu'il y ait une « histoire » entre vous et cette autre personne ou entre elle et votre partenaire. Sa simple rencontre suffit. Parfois la personne faisait déjà partie de vos relations et c'est une sorte de mise en résonance des insatisfactions de chacun qui suffit à changer la donne. Parfois même, il suffit d'un livre ou d'un film pour initier le processus.

Toujours est-il qu'un des deux partenaires se réveille. Ce faisant, il initie un processus qui deviendra vite irréversible et le conduira à une conclusion aussi radicale que brutale : « Je me questionne sur la vie de couple que nous sommes en train de vivre. »

Pour certaines ou certains, ce sera plus radical : « J'en ai marre de cette vie de couple qui ne correspond pas à ce que j'attendais, je veux me barrer et je te laisse un petit temps de réflexion, histoire que tu t'y fasses ! »

La conclusion personnelle du primo-divorçant (celui qui a enclenché le processus) s'articule sous deux formes : je m'ennuie ou tu m'ennuies.

C'est à ce moment que se met en place ce qui sera le *couple 2.0* ou une répétition du *couple 1.0*. Si je mets sur le dos de l'autre l'entière responsabilité de l'échec sans me questionner, je risque de faire l'impasse sur les leçons à tirer de cette union et de me diriger pour ma prochaine rencontre vers une répétition du scénario *couple 1.0*. Si par contre, je réfléchis à ce qui nous est arrivé, ma responsabilité comme celle de l'autre et la nature profonde de la relation qui nous unissait, je peux retirer la perle de la blessure et en sortir grandi.

« Je m'ai trompé il m'a trompé »

Parlons maintenant des aventures extra-conjugales. Cela peut sembler contradictoire, mais bien souvent la personne qui se lance dans l'aventure d'une relation extra-conjugale ne veut pas la fin de l'union. Du moins pas consciemment, car il est des personnes qui, par manque de courage, trompent leur femme ou leur mari pour que ce soit elle ou lui qui prenne la décision de la séparation. Non, le mari qui trompe sa femme (ou le contraire bien sûr) le fait le plus souvent pour compenser les manques du *couple 1.0* en ajoutant un ou une autre partenaire. Comme si en ajoutant 1 (amant ou maîtresse) au couple couple 1.0 cela donnait 1+ *1.0* soit 2.0. La vraie arithmétique dans ce cas est *1.0* - 1 donne à terme le vrai résultat : *0.0*.

L'homme ou la femme qui se lance dans cette entreprise, le fait bien souvent avec espoir. Espoir de ne pas se faire repérer ou espoir parfois désespéré, souvent inconscient et certainement égocentré que le mariage perdurera.

Cette aventure est un divorce intérieur qui ne sera jamais accompli. Un purgatoire du couple qui se résoudra le plus souvent par la séparation, même s'il est vrai qu'il est statistiquement possible que cela donne lieu à une profonde remise en question qui pourrait amener le couple au stade 2.0. Aux conditions de prises de conscience simultanées que vivent les couples passant au stade 2.0 sans se séparer (corollaire n° 3), il faut ajouter la capacité de pardonner du partenaire blessé et de surmonter le traumatisme de la rupture de confiance qui laissera inévitablement des traces. Pas une mince affaire !

L'appel insidieux du large

Il peut arriver que l'appel du *couple 2.0* se fasse sentir alors que le *couple 1.0* n'a pas encore produit la frustration nécessaire à sa mutation. Lorsque c'est le cas, vous entendrez des phrases du genre : « Ma situation n'est pas si grave que cela, mais j'ai le sentiment de passer à côté de quelque chose ». Parfois, le primo-divorçant ne doit pas être foncièrement insatisfait pour initier le processus. Il ou elle a tenté de provoquer la mutation du couple, mais sans succès. Dans l'absolu, elle ou il n'a pas de motifs raisonnables de briser ce couple. D'autres vivent des choses bien pires. Les raisonnements s'enchaînent et se succèdent, mais ne convainquent pas. Il reste toujours ce sentiment de passer à côté de sa vie, de la « vraie » vie de couple qui m'attend.

C'est le mariage 2.0 qui s'est invité sans crier gare et a commencé son travail de sape. Même si des changements peuvent être initiés, c'est le besoin d'un saut quantique qui est ressenti. L'histoire commune du *couple 1.0*, aussi courte soit-elle, devient un obstacle. Si la mutation interne ne se produit pas, il reste l'éventualité de recommencer à zéro... avec quelqu'un d'autre.

La parte émergée de l'iceberg

Le passage du mariage *1.0* au *2.0* est un processus. Il n'a pas une durée déterminée, pas de date claire de début et une date de fin. Le processus démarre de manière subtile, bien souvent sans que les intéressés en prennent véritablement conscience. La rupture et sa phase officielle et formelle qu'est le divorce ne sont que la face émergée de l'iceberg de la mutation. Le processus a commencé bien plus tôt. Le mariage *1.0* est comme le Titanic, il commence sa croisière plein d'assurance, convaincu de sa puissance et de sa capacité d'arriver à bon port. Les salons opulents, le service à bord, les cabines confortables invitent les passagers à ne pas se soucier de ce qui se passe dans la salle des machines. Mais comme pour le Titanic, les écueils sont là et sont plus dangereux qu'il n'y paraît. On ne refait pas l'histoire, mais il semble bien que si le capitaine du Titanic eût eu l'intuition de la fragilité relative de son navire, s'il avait remis en question ses certitudes, il y ait fort à parier que le Titanic n'aurait pas connu le destin catastrophique qui l'a rendu si célèbre. Il en va de même pour le mariage *1.0*. Il est possible de le convertir en *2.0* sans mettre les chaloupes à la mer, mais cela nécessite une sérieuse remise en question de la part des deux partenaires. Ce n'est pas une mince affaire, mais c'est possible. Mais ce n'est pas une mince affaire .. même si c'est possible..

Le divorce sur Venus et sur Mars

Les hommes sont décidément différents des femmes. Si l'homme prend l'initiative du divorce, c'est bien souvent parce qu'il a déjà quelqu'un en vue, voire qu'il est déjà en relation. La femme s'engagera plutôt dans le processus du divorce parce qu'elle en a assez. Elle n'a pas quelqu'un d'autre en vue, ce n'est pas nécessaire. Et même si elle connaît déjà son futur partenaire, ce n'est pas pour cela qu'elle divorce. L'homme divorce pour une autre, la femme pour quitter l'autre. La dynamique et les raisons sont différentes. Le fait qu'une relation extra-conjugale existe avant la séparation ou se met en place durant celle-ci donne peu d'indications sur son avenir.

> *L'homme divorce pour une autre, la femme pour quitter l'autre.*

Il se peut que la nouvelle rencontre s'impose parce qu'elle prélude de l'entrée dans le remariage. Mais elle peut aussi n'être que le moyen d'arrêter la relation déliquescente. Pour l'homme, le vide qui succède à la séparation est difficilement supportable, tellement pénible qu'il pourra renoncer à s'engager dans la rupture pour éviter de perdre le confort d'être a deux. Il pourra alors choisir de faire appel à une « intérimaire », une « intermédiaire », un « interlude ». Celle-ci lui épargnera l'angoisse du vide. Elle le sortira du climat délétère quand ce n'est pas des tirages de gueule dont on ne sait plus qui en est l'initiateur. L'interlude apporte un vent de fraîcheur et peut, lui-même, être remplacé par un autre interlude. Car malheureusement il y a fort a craindre que ce schéma de l'interlude soit annonciateur d'une répétition de premier mariage. La transition vers le remariage nécessite une prise de conscience autre que simplement l'ennui, l'envie de nouveauté, le désir de changer. Le *couple 2.0* est un saut quantique vers une nouvelle dimension de la vie de couple pas une répétition du précédent. Lorsque nous sommes prêts pour ce passage, nous avons la conscience aiguë de n'avoir pas de temps a perdre. La femme ou l'homme de ma vie m'attend. Les autres pourraient me distraire de cette rencontre qui m'attend. Je ne peux prendre ce risque.

> *La femme ou l'homme de ma vie m'attend. Les autres pourraient me distraire de cette rencontre qui m'attend.*

La femme qui rompt vit un autre scénario. Pour elle, c'est le ras-le-bol qui domine. Son ex l'a peut-être trompée, il l'a en tout cas trompé... sur la marchandise. Il n'est pas le prince charmant. Le prince charmant l'écouterait quand elle a quelque chose sur le cœur, il n'oublierait pas leur anniversaire de mariage, il verrait quand elle est allée chez le coiffeur, il la regarderait avec ces yeux qui la font craquer. Lui n'a plus rien de tout cela. En dehors de sa carrière, de son sport, de Facebook, de son foot a la télé (oui, OK, je le reconnais, je pousse un peu fort dans le cliché, mais c'est pour me faire comprendre), il n'y a plus beaucoup d'espace. Elle ne trouve plus sa place en tout cas. Et elle sait que cela peut être mieux que cela. Qu'elle peut vivre mieux que cela, même si elle doit rester seule ! Elle ne craint pas d'être seule. Du moins temporairement. Elle n'ignore pas que le risque existe de ne pas rencontrer l'oiseau rare, celui pour qui et avec qui elle pourra à nouveau vibrer ou du moins avec qui elle pourra développer une nouvelle connivence, une complicité, une entente. La femme qui quitte accepte de courir le risque d'un purgatoire éternel, entre l'enfer du premier mariage et le paradis du second, celui qui pourrait ne pas arriver, si la rencontre ne se fait pas.

De la crise valide à la chrys-alide

S'il est une époque importante, c'est bien celle qui sépare le *couple 1.0* du *2.0*. Bien sûr, il s'agit d'une crise. Une vraie. Elle est nécessaire. Et elle est utile même si elle peut faire mal,..., très mal ! C'est pour que je l'appelle volontiers la chrys-alide. La crise valide si vous préférez. La chrysalide est le stade qui marque le passage de l'ancienne vie de couple à la nouvelle. Chez les insectes, elle désigne le passage de la larve à l'adulte, de la chenille au papillon. L'insecte qui rase le sol se voit doté d'ailes et peut prendre son envol. Le mariage 1.0 est un mariage larvé et nous nous replions sur nous même, dans notre cocon pour nous préparer à l'extraordinaire expérience d'avoir des ailes, pour prendre notre envol.

Que croyez-vous que la chenille vit quand elle s'enferme dans son cocon ? Est-elle d'humeur de faire la fête ? Non bien sûr. Elle s'enferme, se blottit, se calfeutre. Elle est convaincue qu'elle va mourir. Plus rien ne sera jamais comme avant.
Et ça, c'est bien. Mais ça, elle l'ignore.
Pourtant elle aurait pu poser la question aux papillons qu'elle a croisés dans sa vie de rampante. Mais elle ne l'a pas fait ou alors elle ne les a pas crus. Elle s'est dit : « C'est leur histoire. Je mène ma vie à ma manière. Chacun son destin. Je voudrais mieux, mais ce n'est sans doute pas pour moi. Je suis comme ça. C'est ma vie ! »

Cruelle ignorance qui peut nous faire appréhender le changement alors même que la situation présente ne nous est pas favorable. Cruelle ignorance qui nous fait refuser l'idée même d'une vie plus belle et nous pousse à nous contenter d'une pâle amélioration de notre quotidien plutôt qu'une radicale transformation.

Pas trop tôt

Une fois la séparation accomplie, combien de temps faut-il attendre avant de se remettre en couple ? Faut-il une période de deuil ?

Je tiens tout d'abord à mettre les choses au point. Si vous en êtes au stade de passer du *couple 1.0* au *2.0*, s'il y a bien un deuil à faire c'est celui d'une période révolue de votre vie. Mais ce que vous laissez derrière vous n'est pas quelque chose à regretter. Vous êtes, je vous le rappelle en métamorphose. Il ne viendrait pas à l'idée du papillon de regretter son ère de chenille. C'est une étape nécessaire, le pas qui précède l'autre. Naturellement, la manière dont s'est déroulée la séparation pourra laisser tantôt un goût amer, tantôt des blessures. Les cicatrices seront les marques des luttes passées qui ont créé les conditions de votre nouvelle émergence.

... est le remariage

Il ne s'agit pas à proprement parler d'un deuil, même si c'est le sentiment qui domine. En fait, il s'agit bien plus d'une gestation, mais ça, vous ne le sentez pas encore. Il semble en tout cas qu'il faille un certain temps pour créer une séparation claire entre le *couple 1.0* et le suivant. Si vous ne vous ménagez aucun espace entre les deux, vous risquez de vous engager dans un couple 1.1, car votre être ne fera pas la différence entre l'ancienne et la nouvelle relation. À défaut, vous changerez de personne ou de partenaire, pas de relation. Ce n'est pas en changeant le prénom de l'autre, en remplaçant « mon chaton » par « mon lapinou » que vous ferez le saut au *2.0*.

Il nous faut donc nous résoudre à une indispensable période de maturation, nous devons métaboliser la relation précédente, la digérer. Ou pour le dire autrement : tirer la perle de la blessure.

Je vous entends alors demander : « Mais combien de temps alors ? »

Sachez que ce n'est pas une question de temps objectif. Ce temps de « digestion » ne se mesure pas en jours, ni en semaines, ni en années. Il s'agit d'un temps subjectif qui dépendra de ce que vous ferez durant ce temps. Si vous vous contentez de mettre « le problème » au frigo, ce sera un temps d'hibernation pas un temps de digestion. Cette période de digestion est celle de la métamorphose qui transforme la chenille en papillon. Dans le cocon l'ex-chenille — le papillon en devenir — ne fait pas rien : il se transforme. Notez également que ce temps de métamorphose peut commencer bien avant la rupture proprement dite. Celle-ci vient alors ponctuer un processus initié bien auparavant. C'est souvent le cas chez celui ou celle qui quitte alors que celle ou celui qui est quitté subit la rupture comme le coup de feu de départ d'une course à laquelle il ou elle ne s'était pas préparé(e). La personne quittée devra alors entamer un processus de prise de conscience de ce qui est train de lui arriver pour redevenir acteur dans la séparation et entamer à son tour sa métamorphose. Subir la rupture, endurer la séparation risque bien de l'amener à répéter le *couple 1.0*.

Pas trop tard

La phase de séparation, ce no man's land relationnel — qui n'est d'ailleurs pas nécessairement dépourvu de relations — fussent-elles sans lendemain — est un moment d'intenses remises en question. Une dimension essentielle à ce moment crucial de votre vie est votre niveau d'exigence ou son contraire votre niveau de tolérance.

Si vous êtes du genre à penser que vous ne trouverez jamais plus personne, vous serez peut-être tenté(e) de plonger sur le premier ou la première qui passe et baisser votre niveau d'exigence pour que la relation existe, mais en même temps la saboter dès sa naissance. Si vous êtes du genre « endurci(e) par l'épreuve », vous serez tenté(e) de poser des exigences impossibles à satisfaire et vous garantir ainsi de n'entrer dans aucune relation durable. La phase de transition entre le *1.0* et le *2.0* est l'occasion d'un nouvel étalonnage. Vous laissez derrière vous les rêves de princesses et princes charmants qui ont peuplé les nuits de votre adolescence finissante. Vous savez que vous vous présentez sur le marché du couple avec quelques kilomètres au compteur. Mais vous avez tendance à minimiser ce chemin déjà parcouru tant vous savez qu'il vous ont aidé à grandir. En bref, vous avez bonifié. Vous êtes du genre grand cru au sens vinicole — même si parfois vous le prenez au sens de crédulité. Ce qui est remarquable dans cette situation c'est que pour ce qui concerne l'autre, le ou la potentielle, il n'en va pas de même. Pour caricaturer un peu la situation, d'un côté, vous êtes le grand cru classé qui attend l'œnologue qui saura vous reconnaître et de l'autre vous vous sentez comme l'acheteur qui examine le marché des véhicules d'occasion. Votre histoire est votre maturité, celle de l'autre est l'explication de ses imperfections. Une chose est sûre : vous n'avez pas l'intention de vous satisfaire de n'importe qui. Et vous avez raison. Enfin, vous n'avez pas tort. Enfin, si vous ne poussez pas le bouchon trop loin. Une chose est sûre en tout cas, votre passé vous pousse à être plus exigent (e), car vous savez mieux ce qui vous convient, ce que vous voulez. Et en même temps, le marché se fait plus difficile. Moins d'opportunités de rencontres, entre le boulot, les enfants, les obligations, moins de partenaires potentiels.

C'est bien connu, les bons sont déjà pris, il reste les canards boiteux, les éclopés de l'amour, les non aimables et les insupportables. Dur, dur, de trouver la perle rare dans la meule de foin de la vie. Quand il ne s'agit pas de gérer celui ou celle que veulent vous fourguer vos amis et amies, convaincus qu'ils sont de votre compatibilité potentielle et se sentant malades de vous voir dans cette traversée du désert.

Le bonheur est dans le pré

Lorsqu'il est question de provoquer la rencontre, nous cherchons partout. Ici et là, mais aussi dans notre passé. C'est l'occasion pour moi d'introduire l'idée du « pré ».

Elle était mignonne. Il était craquant. Ils étaient dans la même école avec une année d'écart et le jeudi soir, ils se retrouvaient au club de sport. Leur premier baiser ouvrit une période d'amour adolescente teintée de rose et de romantisme. Tous les clichés y sont passés. C'était avant les textos et les emails et il s'était fendu d'un set de papier à lettre et enveloppes assorties qu'il humectait délicatement de l'eau de toilette qu'il avait reçue à Noël. Avec le temps, le romantisme platonique céda la place au désir physique, mais toujours avec une délicatesse voire une timidité infinie. Non pas une timidité inhibante, mais une timidité teintée de respect. Un souci extrême de ne pas brusquer l'autre.

Leur relation dura près de deux ans. Une éternité à cet âge. Puis vint pour elle, le temps de l'université dans une ville voisine. Ils se

L'heureux mariage

virent moins souvent. Elle vit naître en elle ce sentiment diffus de passer à côté de quelque chose. Cette relation qui la comblait pourtant semblait la priver de la vie estudiantine insouciante. Quand elle lui annonça son intention de mettre fin à la relation, il eut le cœur brisé. Dès ce moment, leurs chemins divergèrent. Les mois passèrent et il se maria dans l'ombre de cette blessure amoureuse qui ne se décidait pas à se refermer. Elle rencontra son futur mari l'année qui suivit la fin de ses études. Ils eurent chacun des enfants. Il divorça. Elle resta en ménage, mais sans passion, concentrée qu'elle était de gérer de front sa carrière et l'éducation de ses filles.

Lui n'a jamais vraiment cessé de penser à elle. Ce n'était pas un amour de jeunesse, c'était SON amour de jeunesse, celui qui vous polit le cœur, celui qui enlumine votre post-adolescence. Il a continué de vivre et de chercher à retrouver cette vibrance perdue, mais sans vraiment croire encore que ce soit possible.

Un jour, leurs chemins se croisèrent à nouveau. Ils prirent un café dans un tea-room. Les sensations enfouies se glissèrent à travers les strates de mémoire. Ils avaient changé, certes, mais ils étaient les mêmes. Il n'était pas question de retrouver ce qui les avait unis. Elle ne voulait y penser. Il n'osait l'envisager. Ils savaient tous les deux qu'ils étaient passés à côté du couple 2.0 ou du moins que leurs « âmes » avaient été dans cette forme d'accord. Ils avaient eu cette opportunité, mais n'avaient pas saisi l'occasion. Ils n'avaient pas su la reconnaître. Leur histoire n'était pas uniquement une histoire romantique, c'était ce sentiment diffus, mais puissant — telle une source qui gronde dans les profondeurs de la terre — d'une entente profonde et entière, une harmonie corps et âme qui était là et qu'ils n'ont pas saisie. La faute à qui ? La faute à personne. Il faut que les deux partenaires soient prêts pour que la magie opère.

Cette histoire illustre le concept de « pré », ces personnes que nous croisons avant l'heure et qui créent toutes les conditions de notre bonheur. Mais si le bonheur est dans le pré, le timing de la rencontre s'est produit à un moment qui n'a pas permis qu'éclose ce *couple heureux* auquel chacun et chacune aspiraient. Si l'ex n'existe qu'après son heure, quand les carottes sont cuites, les « pré » sont venus avant l'heure. Le hic c'est que cette rencontre sans suite peut perturber notre chemin émotionnel vers le *couple 2.0*.

Combien se sont dit « C'était l'homme, la femme de ma vie » ? Combien parmi nous sont encore convaincus qu'il n'y a qu'une seule personne avec qui on peut constituer un *couple 2.0* ?

FAUX ! Totalement faux. Il y a sur notre bonne vieille Terre des milliers de partenaires potentiels. Les « pré » peuvent engendrer une myopie qui nous empêche de voir ces partenaires potentiels. C'est en cela qu'ils peuvent paraître uniques. Tel l'arbre qui masque la forêt, ils masquent les autres. On rencontre le même phénomène dans les ruptures asymétriques, lorsqu'un des deux partenaires tire sa révérence et laisse l'autre effondré(e) de voir son rêve de *couple 2.0* s'écrouler comme un château de cartes alors qu'en fait c'est l'illusion de vivre un *couple 2.0* que l'on voit se déchirer. Car un *couple 2.0* se vit à deux. 2.0 veut dire que c'est à deux, point. Sinon c'est zéro. Vivre seul le *couple 2.0*, c'est vivre une forme maquillée de *couple 1.0*.

Et ça fait mal de se rendre compte que l'autre ne vivait pas la même chose. Prendre conscience de l'illusion que l'on a entretenue, de sa propre illusion à laquelle nous voulions croire et nous accrochions est un déchirement.

Entre deux rives-1

« C'en est trop, impensable de rester ici, comme ça. Je n'en peux plus. » C'est la pensée qui vous a traversé l'esprit au moment où vous avez fait un pas pour quitter la rive. Vous vous êtes engagé(e) dans les eaux froides de la séparation et déjà vous sentez le courant de la rivière qui vous entraîne vers la mer. Votre pas n'est pas assuré, mais un simple regard derrière vous suffit à vous conforter dans votre décision. Peut-être voyez-vous l'autre rive ou peut-être ne la voyez-vous pas, tant la rivière est large ?

> *On ne peut découvrir de nouvelles terres sans consentir à perdre de vue le rivage pendant une longue période. (André Gide)*

Je l'ai évoqué plus haut, il semble que les femmes craignent moins de traverser la rivière même si elles ne voient pas encore la berge d'en face alors que les hommes ne s'aventureront bien souvent dans l'eau que s'ils l'ont en vue, et même, s'ils y sont allés en reconnaissance. Mais tenons-en nous là pour ce qui est des généralisations et reprenons notre histoire. Je l'exprimerai au féminin.

Très vite vous comprenez que la rivière ne vous aidera pas. Elle, elle a son objectif : atteindre la mer ou le fleuve qui va à la mer. Pour cela, elle n'hésite pas à emporter tout ce que ses eaux charrient. Elle n'a que faire de votre intention de vous rendre sur l'autre berge. En clair, la vie vous entraîne dans ses vicissitudes et ses contraintes : votre carrière, l'éducation de vos enfants, la maison à acheter ou à rénover. Votre désir de rencontrer celui ou celle qui illuminera votre vie n'est pas à l'ordre du jour pour la vie-rivière. Pour paraphrase les Inconnus dans leur célèbre sketch : cela ne la regarde pas !

Et vous êtes là, au milieu du gué. Vous croyiez pouvoir traverser sans perdre pied, car la vie n'était plus viable sur la berge que vous avez quittée. Vous étiez comme le spectateur d'une vie-rivière qui s'écoulait sans vous. C'est pour cela que vous êtes entrée dans l'eau. Vous avez risqué la séparation.

... est le remariage

Risqué, le mot est mal choisi, oser semble plus approprié. Vous avez osé quitter la berge sécurisante pour vous plonger dans le flot de la vie-rivière. Vous avez repéré ce gué qui vous donnait l'espoir d'aller de l'autre côté, là où le soleil ne peut que briller, là où l'herbe est tellement plus verte. Et vous avez commencé à progresser, non sans effort, non sans émotion. Vous avez sans doute regardé la berge que vous quittiez et plus vous vous en éloignez plus vous ressentez poindre des poussées de nostalgie. Votre mémoire a déjà commencé à déformer la réalité de votre passé. D'ici, les pieds dans l'eau ou de l'eau jusqu'à la taille, il vous semble que la berge n'était pas aussi sombre, pas aussi morte. Car le flux des eaux vous assaille. Vous êtes entraînée par l'énergie du quotidien qui nécessite une attention de tous les instants. C'est dur. Et puis l'eau est froide comme l'est peut-être votre lit vide, et ce malgré la pile de coussins que vous avez placés à côté de vous pour simuler une présence réconfortante.

La traversée se fait longue. Elle est toujours plus longue qu'on ne l'imaginait. Enfin souvent. Vous êtes tellement occupée à gérer l'instant et ses obligations qu'il vous arrive d'oublier pourquoi vous vous êtes engagée. Et puis, avez-vous encore l'énergie de vous aventurer, d'aller à la découverte de cette nouvelle rive ? Vous êtes tellement occupée. Tant de choses à régler.

La traversée du désert

Après l'élément eau, une autre métaphore qui me semble appropriée est celle du désert. Je la décrirai au masculin.

Vous avez senti l'appel des grands espaces, des infinis possibles, des paysages nouveaux, des territoires inexplorés et vous avez laissé votre village, votre ville pour vous engager sur la piste qui vous mène ailleurs. Pour vous, l'entre-deux est un désert qu'il vous faut traverser. Vous ne voyez pas la destination et vous vous demandez en permanence comment vous allez faire pour ne pas vous perdre. Le paysage est monotone. D'une à l'autre, d'une dune à l'autre. Avec le temps, vous perdez l'espoir de rencontrer l'oasis qui vous ressourcera. Marcher vers la gauche ou vers la droite, que choisir, vers où aller ? Tout est pareil. Pourtant, il est là l'oasis. Vous le savez, vous voulez le croire. Mais vous ne le voyez pas. Et vous ne savez pas comment le trouver. Votre boulot, vos relations sont les dunes monotones dans lequel vous vous ensablez. Les soirées sont les mêmes, les conversations tournent en boucle.

Et puis le temps passe et vous vous sentez déjà en dehors du temps présent. Vous vous sentez tel un BlackBerry au temps de l'iPhone 7. De belles qualités, mais d'un autre temps. Puis vous vous dites qu'il y a des qualités intemporelles, mais il vous peine de les voir reconnues. Et vous n'avez plus trop envie de vous « vendre », de « convaincre ». Séduire vous paraît une montagne balayée par un vent chargé de poussière. Cela vous donne un goût âcre en bouche et vous pousse à vous enrubanner, à vous protéger, à rentrer dans votre coquille. Et ce n'est pas comme ça que vous rencontrerez quelqu'un. L'erg vous aigrit, le temps passé dans ce désert vous dessert. Alors vous perdez l'espoir. Vous commencez à rationaliser votre solitude. Après tout, il y a des gens qui paient pour marcher dans le désert. Ces étendues monotones et rocailleuses sont une opportunité de vous retrouver, de faire le point avec soi.

Et c'est lorsque vous ne l'attendez plus que l'espoir s'est rétréci, c'est alors qu'au détour d'une dune, pointe le sommet d'un palmier. Les broussailles se rassemblent, signe d'une source de fraîcheur. Un signe ténu se manifeste à vous. Si à ce moment, vous ne voyez plus, si votre attention s'est émoussée, si le sable soulevé par vos sandales vous distrait de votre quête, vous passerez l'oasis sans le voir.

Si votre attention ne s'est pas émoussée, vous vous approcherez de l'oasis. Vous vous y rafraichirez. Mais peut-être vous demanderez-vous déjà si c'est le bon. Vous décortiquerez ses imperfections. Vous ne pourrez vous empêcher de le comparer à là d'où vous venez. Du moins au souvenir de là d'où vous venez. Un souvenir déjà déformé dont vous ne semblez retenir que le meilleur. Cette oasis dans sa réalité est forcément éloignée de votre représentation idéale, si différente de l'Eden que vous aviez imaginé dans les nuits blanches de cette période noire que vous avez quittée. Et peut-être qu'alors ce mirage de pensées vous fera reprendre la route en vous disant que vous pouvez trouver mieux. Quitte à ne rien trouver.

LA RENCONTRE

Le purgatoire entre le *1.0* et le *2.0* peut ainsi s'éterniser. Si vous restez sourd aux sirènes qui vous poussent à vous réfugier dans une nouvelle voie sans issue — je veux dire un nouveau couple *1.x* — vous passerez par différents états allant de la résignation au désespoir en passant par toutes les rationalisations : « Ce n'est pas pour moi », « C'est trop tard », « On peut vivre heureux seul », « Après tout vivre en couple c'est résoudre à deux des problèmes que l'on n'a pas lorsqu'on vit seul »...

Et c'est bien souvent au moment où nous n'y croyons plus, où nous nous intéressons à d'autres choses, où nous nous réjouissons d'avoir trouvé un nouvel équilibre, un certain confort de vie, c'est à ce moment que l'impossible se passe. Celui ou celle que l'on n'attendait plus croise notre route alors que nous avions les yeux rivés sur le compteur, sur la ceinture bouclée des enfants, sur la date du prochain contrôle technique automobile, sur la fin de limitation de vitesse dont nous n'avions pas vu le début et qui nous fait espérer qu'il n'y ait pas eu de radar. La surprise nous fait baisser la garde. Nous avons relâché notre attention. Nous sommes redevenus perméables, accessibles.

Et paf !

Une plus, jeune, un plus vieux

L'heureux mariage

Avant d'en arriver au *couple 2.0,* il nous faut aborder un sujet important qui joue à plein surtout lorsque la séparation se produit après la quarantaine, voire plus tard encore.

Je veux parler de la différence d'âge !

Cela semble une réalité culturelle incontournable : l'homme séparé jettera le plus souvent son dévolu sur des femmes plus jeunes que lui, et même parfois beaucoup plus jeunes que lui. On tend plus vers un décalage de l'ordre de dix ans que de deux. L'homme fraîchement divorcé de quarante-cinq ans est dans la force de l'âge. Du moins, il le croit. Il a bien eu quelques indications du fait qu'il était entré dans le statut « over the hill », expression anglaise que l'on peut traduire par « il a passé le sommet de la montagne de sa vie », élégante métaphore pour décrire le passage de la quarantaine. Avant, il montait en puissance et là, qu'il le veuille ou non, et même si c'est encore à peine sensible, il a commencé la descente. C'est alors que, pour se prouver le contraire, il sera tenté de trouver une plus jeune, une qui sera sa machine à remonter le temps. Il ne faut pas regarder longtemps autour de nous pour observer qu'il est plus courant de voir des couples ou la femme est plus jeune que l'homme, que l'inverse. Mais si pour les vingtenaires et trentenaires on dit que la femme est plus jeune que l'homme, pour les « over the hill » on dira plutôt que l'homme est plus vieux que la femme. Question de point de vue, mais qui n'est pas pour autant anodine.

Cette différence d'âge n'a pas que des avantages, surtout si on le voit sous l'angle de la descendance. L'homme de 45 ans qui divorce a probablement des enfants d'au moins 10 ans. Plus tard il divorce, plus les enfants sont grands. Si la femme qu'il rencontre a dix ans de moins, soit 35 ans, il y a fort à parier qu'elle sera, soit sans enfants, soit avec des jeunes enfants (mais pas en bas âge, car la femme avec de très jeunes enfants est débordée, dans son nouveau statut de parent isolé, elle accepte difficilement de confier ses enfants et manque de temps libre pour rencontrer des hommes). Il devra alors se faire a l'idée de se lancer dans une nouvelle paternité.

Pour l'homme de cinquante ans, la femme qu'il convoite aura plutôt quarante ans. Celle-ci a probablement des enfants en âge d'être confiés à une baby-sitter ce qui l'a rendue disponible sur le marché de la rencontre. Dans ce cas de figure, l'homme qui se lance dans une relation durable, devra accepter de se farcir un nouveau cycle d'adolescence hormonée, lui qui était déjà tout heureux d'être sorti sans trop de dégâts de l'adolescence de ses propres enfants..

Cette question des jeunes enfants voire de la nouvelle nichée est un challenge, mais également une opportunité. Tout dépendra comment le couple la vivra. Nous y reviendrons, car il nous faut maintenant examiner la question de la différence d'âge par l'autre côté de la lorgnette : celui de la femme.

Un plus vieux, un plus jeune

Quand la femme de quarante ans divorce de son mari qui s'en est allé pour une femme plus jeune ou a eu une ou plusieurs aventures, elle n'a pas du tout envie de se farcir une deuxième crise de la quarantaine avec un autre. Elle jettera donc plus volontiers son dévolu sur un homme plus âgé qui, lui, est justement en quête d'une âme sœur plus jeune.

Parfois, elle pourra vouloir rencontrer plus jeune qu'elle. Elle n'agit pas pour se prouver quelque chose comme la plupart de ses contemporains masculins. Deux scénarios sont probables :

- elle se sent jeune et elle a vu son futur-ex s'enfoncer dans un confort casanier ou

- elle se sent de plus en plus prisonnière dans son rôle de femme qui doit tout prendre en charge, le ménage, les enfants et en plus son travail.

Dans les deux cas, l'inertie de la situation devient de plus en plus insupportable et elle aspire à mettre de la légèreté dans sa vie, du dynamisme, de l'énergie. Un plus jeune qu'elle qui sera probablement plus ouvert à une redistribution des rôles au sein du ménage et saura s'entendre avec ses enfants.

Comme c'était le cas pour l'homme qui rencontre une plus jeune, la femme peut s'attendre à ce que son plus jeune partenaire lui demande de devenir père. Ce pourra d'ailleurs également être le cas si les nouveaux partenaires sont d'âge égal et que leur amour sincère leur donne le désir de voir naître un enfant de leur union. Et ce sera encore plus le cas si la femme n'en a jamais eu auparavant.

C'est ainsi qu'à la limite du time out imposé par son horloge biologique, elle acceptera de vivre une nouvelle grossesse et d'être à nouveau jeune maman à 40 ans et plus.

Le couple nouveau construira une famille recomposée unique dans sa composition avec parent, beau-parent, enfants, beaux-enfants dans toutes les tranches d'âge et à géométrie variable selon les semaines de garde.

La femme qui vivra cette expérience le fera avec une tout autre sagesse que lorsqu'elle avait la petite trentaine. Elle se sacrifiera moins que lorsqu'elle était « maman jeune ». Elle prendra plus facilement une baby-sitter quand elle ne fera pas appel aux grands enfants des mariages d'avant. Car elle sait l'importance d'avoir une vie de couple ce qu'encore trop de femmes plus jeunes ont tendance à oublier ! Et j'écris jeunes femmes, car les habitudes culturelles du siècle passé sont encore fortement prégnantes au vingt et unième siècle. C'est ainsi que l'on voit encore très souvent la femme prendre en charge principale l'éducation des enfants, le ménage et son boulot pendant que l'homme continue de faire passer sa carrière d'abord.

La femme de quarante-cinq ans qui divorce acceptera de rencontrer un homme de 45 à 55 ans, c'est dans l'ordre des choses, du moins celui des statistiques. Mais si elle a passé le seuil de la cinquantaine, les choses se gâtent, car la tranche d'âge masculine atteint voire dépasse la soixantaine et là, le mâle a déjà bien entamé le deuxième versant de sa vie. Ou devrais-je même dire le troisième ? La femme qui entame sa cinquantaine et se sent en pleine forme les voit tous vieux ! La population cible pour sa tranche d'âge se rétrécit pour constituer une niche étroite. Et comme on peut s'en douter, on rencontre peu d'oiseaux rares dans les niches ! Cherchant à construire un couple encore plein d'élans et de projets, elle cherchera alors quelqu'un qui soit de son âge voire même plus jeune, mais de quelques années seulement. Un homme qui a déjà fait l'expérience d'être père (et de préférence avec des enfants déjà grands pour ne pas se retaper les dommages collatéraux des crises d'adolescence) ou alors un qui n'a jamais eu la fibre paternelle.

Au final, qu'il s'agisse d'un homme rencontrant une femme sensiblement plus jeune que lui ou d'une femme intéressée par un homme sensiblement plus jeune, il n'y a objectivement aucune raison de soulever des objections. La rencontre est avant tout une question de personnes et d'affinités entre celles-ci. Lorsque la relation amoureuse s'établit sur une base sincère, l'amour vrai qu'ils éprouvent l'un pour l'autre ne peut que transcender les questions d'âge, les milieux sociaux, les niveaux d'éducation. Le hic c'est que ce n'est pas dans les premiers moments de la relation que cela se vérifiera. Lorsque la marée est haute, que les élans sont forts, on ne peut que se griser des embruns qui nous fouettent le visage. C'est en période de marée basse amoureuse lorsque les récifs de leurs différences et les bancs de sable de leurs divergences affleureront à la surface que la navigation deviendra périlleuse. Mais à vaincre sans péril ne triomphe-t-on pas sans gloire ?

Messieurs, attention au décalage

Celle qui hante vos nuits vous a dit oui. De plus, elle n'a pas d'enfants. Voilà qui vous ouvre les portes d'une idylle sans contraintes. Et là, je dis attention, messieurs ! Si la femme que vous avez rencontrée est plus jeune. Si en plus elle n'a pas

L'heureux mariage

encore eu d'enfant, elle risque de céder au chant des sirènes de la maternité. Quant à vous, avec un peu de chance vous « sortez d'en prendre » et vous commencez à apprécier le petit peu d'autonomie que vos propres enfants ont acquise qui vous a rendu quelque liberté. Vous pouvez vous permettre un cinéma sans devoir vous mettre en quête d'une baby-sitter. Vous ne devez même plus abréger une soirée agréable pour rentrer au plus vite au bercail. Vous veniez de commencer de goûter à cette liberté retrouvée, toute relative, quand soudain entre la poire et le dessert, votre fraîche dulcinée se sent des appétits de mère. Et quelque chose vous dit tout de suite qu'elle n'est pas prête à lâcher le morceau. Dans l'ivresse du repas aux chandelles, votre verre empli de ce délicieux Bordeaux à la main, vous levez les yeux au ciel et vous vous dites que, peut-être, ce n'est pas une si mauvaise idée, en fait. Et si vous êtes de mentalité vintage, voire conventionnelle — au sens « siècle passé » du terme —, peut-être même que vous devrez chasser de votre esprit l'idée inconvenante que « cela l'occupera ». Ou peut-être vous direz-vous : « Après tout, si elle le veut pourquoi pas ? » ou « Elle assurera, je n'en doute pas ! ». Et vous devez bien reconnaître qu'au plus profond de vous-même l'idée vous séduit, histoire histoire peut-être de faire ce que vous n'avez pas eu le temps de faire avec la « première fournée » !
Alors oui, vous êtes prêt à céder.
Mais avez-vous vraiment le choix ? Non, bien sûr.

Au fond de vous, vous savez que vous n'avez pas le choix. Cette jeune femme est votre machine à remonter le temps et il y a les bons et les moins bons côtés.

Elle, elle ne sait pas. Elle ne sait pas encore. Elle n'est pas passée par là. Et il est inutile d'essayer de lui expliquer. Elle doit faire son expérience. Vous le savez. Vous ne pouvez l'empêcher. Vous ne voulez pas l'empêcher. Le souvenir si tendre et si merveilleux de la parentalité balbutiante, comme l'expliquer ?
Comment l'en priver ?
Alors vous cédez.

... est le remariage

Va pour le petit dernier, celui qu'elle désire, celui qu'elle attend pour se sentir une femme accomplie. Après tout, vous êtes peut-être déjà à l'aube d'être grand-père. Peut-être même avez-vous des regrets de n'avoir pas pu profiter pleinement de la prime jeunesse de vos premiers enfants. Vous rationalisez cela sans vous douter un seul instant qu'elle n'a pas l'intention de se contenter d'une primogéniture. Un fils, une fille unique, tu n'y penses même pas. Tu en as eu deux, toi. Pourquoi pas nous ? Pourquoi pas moi ?

C'est ici, messieurs que je vous entends me demander : « Si je vous comprends bien, la solution donc de se tourner vers une femme qui a des enfants ? »

Si tout était si simple !

La femme libérée d'une précédente union d'où sont issus un, deux, voire trois enfants, est, sauf exception, avant tout une mère. Surtout quand sa progéniture est âgée de moins de dix à douze ans. Consciente du choc affectif du divorce que ses enfants doivent traverser, elle se doit les protéger. La « femme-mère-divorcée » est donc plutôt une « mère-femme-divorcée » ou alors parfois une « mère-divorcée-femme ». Lorsque vous la rencontrez, elle a peut-être déjà éjecté d'autres prétendants qui ont cru bon se mêler de l'éducation de ses pioupious. Peut-être même que cela vous est arrivé avec une autre conquête. Donc, vous faites gaffe. Vous savez que vous marchez sur des œufs. Prêtez quelque attention à ses enfants et vous verrez la lueur d'amour dans les yeux de votre dulcinée. Faites-leur une remarque un tant soit peu critique et la lueur deviendra un lance-flamme.

La femme-mère-divorcée est tellement immergée dans son rôle d'éducatrice qu'elle doit prendre sur elle pour se réapproprier son statut de femme. Quant à vous, vous êtes tellement habitué aux grognements de vos ados maladroits en quête de leur identité que ces chérubins vous paraissent tellement mignons et touchants (surtout quand ils dorment). Bien sûr, ils sont imprégnés du goût du mâle qui vous a précédé. Ils sont la preuve vivante que vous n'êtes pas le premier. Leur mine joviale vous rappelle à chaque instant que leur maman a une histoire avant vous. Et ses mouflets se feront un plaisir de vous le rappeler. Les enfants de son premier lit sont des ex-voto — le vote de l'ex —, la preuve vivante de leurs ébats nocturnes. Les enfants de l'ex sont le cheval de Troie de votre nouveau couple. J'y reviendrai quand je vous parlerai des ex.

Il ou elle

Je voudrais ici évoquer les couples homosexuels. En allant à la rencontre d'hommes et de femmes, en couples ou séparés pour la préparation de ce livre, j'ai récolté quelques témoignages de couples 1.0 hétérosexuels qui se séparaient parce qu'un des deux partenaires, ayant découvert ou révélé son homosexualité avait décidé de l'assumer pour vivre avec un compagnon, une compagne du même sexe. Tout semblait indiquer qu'ils allaient vers un *couple 2.0* tant ils semblaient épanouis, et je dirais même libérés. J'ai ainsi de bonnes raisons de croire que la loi du *couple heureux* s'applique à toutes et à tous, homosexuels comme hétérosexuels — il n'y aurait pas de raison qu'il en soit autrement — mais ce n'est qu'une intuition, car cela mériterait d'être vérifié sur un plus grand nombre de cas concrets. N'hésitez pas à me contacter si vous avez des témoignages à partager.

L'EX

> UN SEUL ÊTRE VOUS *manque et tout est repeuplé.*
> *(Giraudoux)*

Le mot époux, d'après la science balbutiante de la phonétymologie commence par le son é — en phonétique : [e] – qui est le « et » de la conjonction qui unit deux choses ou deux

... est le remariage

êtres. Mais le génie du mot époux réside dans sa lettre finale : cette lettre « x ». Notez le souci du détail extrême de la langue française : elle va jusqu'à la rendre muette. Masquée dans la prononciation, elle n'en est pas moins là. Embusquée, attendant les deux êtres fragiles unis par le « et », ce « x » est la porte de sortie du couple, l'« ex », le statut final, celui dont on ne revient pas.

L'ex est un état, un statut. Il appelle l'opprobre. C'est le versant nord du mariage, la face cachée, le côté obscur de la force. Le x qui termine le mot époux est l'épée de Damocles nuptiale, la part d'ombre de l'union. Le nier ne ferait que la renforcer : nous avons tous un peu d'ex en nous.

L'ex rassemble sur lui tous les défauts du monde. L'ex est pou. C'est l'ex-époux. Il est le parasite de notre vie affective. L'ex est épouvantail, combinaison d'époux et de vantail, porte qui s'ouvre dans les deux directions.

La phonétymologie nous aide à comprendre cet être étrange que l'on nomme l'ex. On retrouve la racine « ex » dans de nombreux mots. Ainsi les ex sont ex-piatoires quand ils cherchent à faire payer la faute de l'échec passé. Ils sont souvent ex-écrables, ex-igeants, ex-ténuants. Bref, ils sont extraordinairement insupportables. Pourtant ils ex-istent alors qu'on voudrait tant les oublier. À défaut de les étriper tant ils nous ex-aspèrent avec leurs ex-actions, on se surprend même parfois à vouloir les ex-terminer, les ex-tirper de notre vie.

Dans votre état de fraîchement séparé, vous n'avez pas encore pleinement endossé le statut d'ex et quelles que soient les conditions de la rupture, vous ne pouvez vous empêcher de souhaiter secrètement que l'autre regrette et nourrisse le désir de revenir vers vous. Si vous avez provoqué la rupture, vous pouvez présumer qu'il (elle) est dans la détresse et à l'affut de la moindre hésitation dans votre détermination pour vous rappeler sa présence et vous faire revenir sur votre décision. Si vous êtes plutôt dans le camp des largués, vous nourrissez l'espoir d'un retour à avant. Avec le temps qui passe, lorsque vous vous adaptez à l'engourdissement des jours tristes, vous vous surprenez à ressentir un plaisir diffus : celui de pouvoir dire non à la demande de l'autre si d'aventure il ou elle se ravisait. Lui faire regretter, la faire revenir, s'abaisser à suggérer de se remettre ensemble pour ensuite refuser.

Le couple en débâcle peut alors entamer une succession de « fous le camp, reviens » qui se terminera par un divorce bâclé. Par bâclé, je veux dire un divorce de guerre lasse, où les partenaires devenus adversaires inscrivent leur séparation dans une fausse acceptation. Ils divorcent certes, mais ils divorcent mal. Ils ne clôturent pas une histoire, ils fuient. Ils ferment le livre, car l'histoire est finie, mais le livre reste sur la table du salon ou pire, sur la table de nuit. Ils sont dans le déni d'accepter qu'une page est tournée, qu'ils sont prêts pour une nouvelle histoire et non une répétition avec quelqu'un d'autre de la première. Le divorce bâclé entraîne les amants désunis dans la répétition d'un mariage 1.0. Quand il ne les dégoûte pas de l'idée même d'une nouvelle aventure à deux.

Vous n'êtes vraiment un ex que lorsque vous êtes remplacé(e).

C'est le nouveau venu qui fait de vous un ex. Dans la période qui suit la rupture et celle qui précède l'arrivée du successeur. Vous n'êtes pas encore dans le statut d'ex. Vous n'êtes pas encore vraiment un ex.

C'est le nouveau venu, la nouvelle venue qui fait de vous un ex, un vrai, à part entière.

C'est la raison pour laquelle nous ressentons ce choc lorsque nous apprenons que nous sommes remplacés. Avant cela, nous sommes dans le cas d'Eurydice. Nous sommes déjà en enfer, mais nous croyons encore qu'Orphée viendra nous rechercher. Même si consciemment nous ne le voulons plus, nous sommes séparés, mais encore un peu unis,

De l'histoire d'Orphée et d'Eurydice, nous savons à quel point il est difficile de ne pas se retourner, de regarder derrière soi. Celui ou celle qui est quitté espère néanmoins que son Orphée viendra la/le rechercher. Pour que la relation renaisse de ses cendres pour que celui qui l'a fait ex redevienne phénix (la phonétymologie ne suggère rien pour le mot phénix, mais cela vaudrait la peine d'y réfléchir). Malheureusement, bien souvent, celui ou celle qui quitte n'a d'yeux que pour ce qu'il ou elle ne veut plus : celui ou celle qui quitte regarde derrière lui/elle et condamne ainsi Eurydice à rester dans son enfer.

Tout, mais pas l'indifférence

On a tendance à l'oublier : le contraire de l'amour n'est pas la haine, c'est l'indifférence. Tant qu'un des ex déteste l'autre, il reste dans la relation, et cette relation n'est pas fortement différente de celle qu'il ou elle vivait avant le divorce.

Naturellement, la relation n'est jamais symétrique. Il y a toujours un des deux — généralement celui ou celle qui a choisi — qui est plus au clair avec la rupture et qui donc atteindra plus vite le détachement nécessaire. L'autre adoptera alors le costume de l'ex tyrannique, celui qui revient à la charge, qui multiplie les occasions d'échange qui alterne invitations à remettre le couvert avec insultes et accusations. La phonétymologie nous rappelle que la rancœur contient le mot cœur et le mot rendre. C'est le sentiment que nous ressentons lorsque nous ne parvenons pas à lâcher, à rendre cœur pour laisser s'en aller celui ou celle qui nous quitte.

Pas de bon divorce sans belle rupture

Je suis sûr que certains parmi vous pensent que j'exagère, qu'il y a des divorces qui se passent bien. Que les ex peuvent se revoir par après, paisiblement, se rencontrer et que cela se passe bien. À ceux-là je réponds qu'il n'y a pas de bon divorce sans belle rupture. Et une rupture, ça fait forcément mal. À défaut, il n'y a pas eu rupture. Notez que l'on ne peut séparer ce qui n'a pas été véritablement uni. L'absence de rupture peut alors être une indication du fait qu'il n'y avait pas d'union, pas d'union véritable. Le couple a été consacré, mais de manière incomplète. C'est souvent le cas de ces hommes et femmes qui inconsciemment se sont mariés, mais n'y ont vu qu'une étape. Ils sont entrés dans le mariage comme à six ans on entre à l'école primaire et à douze au lycée ou au collège. Au fond d'eux-mêmes, ils n'étaient pas prêts et savaient qu'ils allaient remettre le couvert, bref, qu'ils allaient se remarier. Le premier conjoint peut en quelque sorte être remercié d'avoir accepté le rôle du premier, de la première. Dure responsabilité que d'accepter d'être la vedette américaine, celle qui chauffe la salle pour saluer l'arrivée de la suivante ou du suivant, la vraie star. Comment dès lors nourrir une relation post-maritale conflictuelle dans ces conditions ? Comment en vouloir à celui ou celle qui a rendu possible le remariage et qui vous a ainsi ouvert les portes de votre potentiel épanouissement personnel ? Les primo-mariés se sont épousés, dans une logique inconsciente de gagnant-gagnant, pour les mettre dans les conditions de remariage (d'heureux mariage).

Divorcer sans enfants

Vous sortez d'une relation de mariage sans enfants. Peut-être vous débattez-vous encore en plein marasme de la séparation. Vous en crevez. Vous en avez souffert. La douleur est souvent à la hauteur des espérances des débuts. À vous, je voudrais dire : ne confondez pas rupture et divorce. La rupture est la fin d'une union, la fin d'un lien d'amour, d'un projet à deux. Cette fin est douloureuse, nécessairement, mais cette fin est porteuse d'espoir : elle ouvre la porte à la possibilité d'un nouveau début. Mais en ce qui concerne le divorce, il en va autrement. Personnellement, je crois qu'un divorce sans enfants n'est pas un véritable divorce. Il en a sans doute le goût et la forme, mais il n'en a pas le plein arôme. Les œnologues diront qu'il manque de bouche, un peu comme les grands crus qui ne répondent pas aux attentes. Un divorce sans enfants est une rupture. On se sépare et sauf à vivre dans le même village, dans la même rue, à partager le même boulot, vous ne vous reverrez probablement plus si ce n'est par le fruit du hasard.

Par contre, lorsque des enfants sont issus du mariage déchu, la fin n'est pas vraiment la fin. Les ex sont condamnés à vivre une nouvelle vie commune, à distance, mais dans la présence rythmée par l'alternance des gardes. Telles les abeilles qui transportent le pollen, les enfants colportent les spores de « la vie de l'autre côté ». Si les enfants sont encore jeunes, les contacts sont forcément fréquents. Le coup de téléphone journalier de l'autre parent est l'occasion d'entendre vos enfants faire un rapport complet et circonstancié de tous les événements de la journée, les détails de la promenade, les achats au supermarché, le souper poulet salade. Votre vie privée passe au rapport. C'est l'œil de Moscou, le Big Brother à la sauce enfantine. Le coup de téléphone journalier ou hebdomadaire ouvre l'intimité de votre quotidien à votre ex. Le divorce est consommé, mais votre vie privée n'est pas encore privée de l'autre.

Le divorce avec enfants est une condamnation à se revoir dans la séparation. À en croire la moyenne d'âge des enfants des divorces de premier mariage, on en prend pour au moins dix ans sans remise de peine, même pour bonne conduite. Et cela ne facilitera pas la transition dans la vie nouvelle.

Décrocher le cadre

Il ne faut pas se faire d'illusion : le vrai processus divorcial, pour utiliser un néologisme frais du jour, se déroule dans les esprits. Le divorcé, la divorcée doit procéder à une forme d'exorcisme. Il doit se défaire de l'image de l'autre. Elle doit se construire un nouvel univers. Et la question de la garde des enfants ne facilite pas les choses.

Un peu à l'image des locaux officiels dans les écoles et les administrations publiques où trône, toujours en bonne place, le portrait du couple royal — ou présidentiel selon le pays — et que l'on doit remplacer après de nouvelles élections ou suite à un changement de règne. Ce portrait du couple ancien, c'est celui de notre couple, le couple « en sien », celui que l'on porte en soi. Il en va des couples comme des transmissions des rênes du pouvoir, à chaque changement, la démarche est la même : il faut décrocher les cadres. Et il faut les décrocher sans s'écorcher. Parfois, une fois le portrait enlevé, la vue du carré de papier peint défraîchi — là où se trouvait le cadre — fait aussi mal, voire plus, que si le cadre était encore là. Ce carré vide déprimé par le soleil nous rappelle que nous sommes seuls. Que si l'autre est encore, il n'est plus avec nous, elle n'est plus là. Et c'est pire encore s'il/elle est avec un autre et que vous êtes encore seul(e).

Divorce et dynamique karmique

Que l'on quitte ou que l'on soit quitté, la différence est minime. La rédemption qui nous prépare au remariage passe par cette épreuve initiatique qu'est la séparation physique, voire légale, mais il ne faut pas oublier la séparation mentale. À défaut, c'est la dynamique karmique qui se met en marche, ce cycle infini de répétitions du même premier mariage avec d'autres partenaires en s'imaginant vivre quelque chose de neuf, rien qu'en remplaçant une photo par une autre.

Petite pause pour celles et ceux qui ignorent ce que j'entends par cycle karmique. Il s'agit d'une notion tirée du bouddhisme qui décrit comment nous répétons, nous répétons et nous répétons encore, des expériences tant que nous n'en avons pas encore intégré les leçons de vie qui en découlent. Inutile d'être bouddhiste pour comprendre, votre expérience de vie suffira. La vie nous laisse à vivre une expérience pour que nous en tirions quelque enseignement. Si nous nous esquivons par l'issue de secours, nous n'en cueillerons pas les fruits et le plat nous sera servi, et servi à nouveau jusqu'à ce que nous ayons compris. Et pour ne pas faire les choses à moitié, la vie nous ressert le même plat, mais de plus en plus épicé. Le passage du mariage au remariage passe par une phase intense d'intégration.

Quand l'ex vous porte aux nues bien malgré lui

Si dans une balance, vous placez dans un plateau une masse, l'autre plateau montera si la masse que vous y avez mise est plus légère. Entre l'ex et vous, l'effet de balancier est similaire à ceci près qu'il ne s'agit pas de masse, ni de poids, mais bien d'une échelle de mesure de plaisir-déplaisir ou de qualités et défauts. Plus l'ex de votre partenaire est infâme, plus il pèsera dans la balance émotionnelle de votre partenaire et plus vous verrez votre plateau monter, et ceci quelles que soient vos qualités intrinsèques. Et comme si cela ne suffisait pas, le simple fait de de se voir remplacé, de connaître votre existence poussera l'ex à se montrer encore plus déplaisant dans ses interactions avec votre partenaire avec comme résultat de dorer encore plus votre blason jusqu'à vous porter aux nues. Bon, après il vous faudra confirmer votre statut, car vous avez toutes et tous déjà enlevé soudainement le poids qui maintient le plateau d'une balance en bas : l'autre plateau effectue alors une descente qui peut être rude. Comme quoi, il n'est pas toujours intéressant que l'ex disparaisse trop vite de la circulation !

L'ex de l'autre

La rencontre de l'homme ou de la femme de sa vie est l'occasion de découvrir une espèce à laquelle on s'était déjà frotté, mais en plus fort, en plus intense. Nous avions déjà une petite idée de ce qu'est un ex, mais là, on atteint des sommets en la personne de : l'ex de l'autre.

Ne nous y trompons pas, l'ex de l'autre est un ex. Sur le plan biologico-affectif, il appartient à la même famille. Mais de quelle manière !

La grande différence entre votre ex et celui ou celle de l'autre, c'est que vous n'avez pour l'ex de l'autre aucune considération, aucun souvenir positif. Difficile dans ces conditions de ressentir de la compassion pour cet ex-compagnon. L'ex de l'autre est aussi celle qui a fait souffrir votre nouveau partenaire. Quand vous voyez son ex, vous vous demandez même comment ils ont pu vivre ensemble. Le simple fait de les imaginer au lit vous fait monter la nausée. Quelle horreur !

Votre relation à l'ex de l'autre est teintée de jalousie et de fierté. Jalousie pour ce qu'il a vécu avec elle et que vous ne connaîtrez jamais. Jalousie, car il l'ex a forcément connu votre partenaire plus jeune. Mais fierté d'avoir pris sa place, d'avoir compris, vous, toutes ses qualités et surtout d'être capable de le/la comprendre. Plus que jamais, vous êtes convaincu(e) que s'il est bon d'être le premier, il est nettement plus important d'être le dernier.

> *S'il est bien vu d'être le premier, il est nettement plus important d'être le dernier.*

L'ex sait les détails intimes que vous allez découvrir chez votre partenaire. Il sait, lui, et doit ricaner, vous en êtes sûr ! Dans vos moments de questionnements métaphysiques les plus profonds, son sourire entendu peut vous donner une impression équivalente à celle que vous auriez si vous lui aviez acheté un objet sur eBay. Cette sensation qu'il vous a fourgué du matériel, dont il connaît les défauts, mais qu'il vous laisse le soin d'en faire la découverte à la maison.

L'ex de l'autre vous place en quelque sorte entre deux chaises. D'un côté, vous découvrez votre partenaire qui incarne la fraîcheur de la nouveauté, territoire inconnu que vous défrichez à tâtons, vierge qu'il est de tout souvenir commun, ce qui le distingue de votre ex à vous. De l'autre côté, votre nouveau partenaire est l'ancien de son ex. Elle en connaît les moindres détails et en plus, elle n'en a retenu que les pires. Il vous viendrait même l'envie de les lui demander, mais vous savez que cela n'a pas de sens. Un ex a forcément un regard biaisé (avec un i, j'insiste). Non, vous préférez voir en l'ex de l'autre celle qui n'a pas pu voir la richesse de votre nouveau. Celle qui est passée à côté de la montre en or. C'est ça ! Oui, c'est ça ! Il n'y a de pire aveugle que celui qui ne veut pas voir.

Aussi désagréable qu'il puisse être, l'ex de l'autre joue néanmoins un rôle essentiel. N'oubliez pas que dans cette nouvelle situation de couple, dans la plupart des cas, vous avez à faire à deux ex, le sien et la vôtre — et parfois plus que deux quand l'un de vous deux a accumulé des ruptures multiples —. Ce n'est pas la nature de l'autre qui fait l'ex, c'est la relation que l'on entretient avec lui ou elle. On ne naît pas ex, on le devient… dans les yeux de l'autre.

> *Ce n'est pas la nature de l'autre qui fait l'ex, c'est la relation que l'on entretient avec lui ou elle.*

La nouvelle relation de couple — et c'est sans doute ce qui fait sa richesse — est nourrie de ces quatre relations : moi et mon ex, moi et ton ex, toi et mon ex, toi et ton ex. Formidable patchwork, extraordinaire trame qui tisse le couple nouveau. Jeu de contraste, information sous-jacente, une somme extraordinaire d'enseignements que je ne pourrais épuiser dans ce livre. Pour le comprendre, il faut avoir quelques notions sur ce que Jung appelait l'ombre. L'ombre est ce côté de nous-mêmes que nous n'aimons pas, que nous rejetons. Plus nous la rejetons et plus nous la renforçons. Le travail de notre vie

L'heureux mariage

consiste, entre autres, à rencontrer et accepter notre ombre. Un moyen extraordinaire pour ce faire est le couple et j'ajouterais même, le couple qui se sépare. Nous rencontrons nécessairement l'autre en reconnaissant en elle, ou en lui, cette part d'ombre qui nous est propre, mais que nous reconnaissons inconsciemment dans ses yeux. Bien sûr, nous sommes attirés par celles et ceux qui nous ressemblent. Mais l'attraction de cette part d'ombre projetée joue un rôle essentiel. Le couple devient alors un extraordinaire terrain d'évolution personnelle. L'autre m'offre un reflet et ce reflet est une opportunité unique de travailler sur moi. Ce travail se déroule bien sûr chez les deux partenaires. C'est d'ailleurs là que cela coince : lorsque l'un des deux renonce à évoluer dans ce chemin de croissance et que l'autre continue. Bientôt les reflets mutuels se voient parasités : ombre d'aujourd'hui ombre d'hier, celui qui avance ne se reconnaît plus dans l'ombre que l'autre lui révèle. Il ou elle n'est déjà plus celui-là, celle-là. Cette dissonance se matérialisera par des symptômes d'une richesse incroyable qui mèneront à l'éclatement du couple. L'ex s'en va alors vers d'autres horizons, mais porte toujours les stigmates de l'ombre de l'autre, de l'ombre de l'autre à un moment donné de sa vie en tout cas. Découvrir l'ex de l'autre devient alors une mine d'information précieuse sur qui est vraiment notre nouveau partenaire. Mais le traitement de cette information est particulièrement complexe. Il n'y a pas délice, c'est là qu'est l'os ! Le processus s'avère tellement compliqué qu'il vaut souvent mieux laisser tomber et se contenter de contempler l'ex de l'autre comme un instantané douloureux, un rescapé d'une autre époque, un ancien combattant ou un ancien combattu (avec un m et en un mot, j'insiste).

Aux amateurs d'embrouilles, aux explorateurs des tréfonds psychologiques d'autrui, je voudrais ici vous révéler un scoop qui ne va pas nécessairement vous plaire : il en va de même de votre ex !

Là, l'exercice est peut-être plus facile, pour vous. En contemplant votre ex, vous vous rappelez comment vous étiez.

Cela vous rappelle en tout cas, une époque particulière de vous-même. En l'observant, vous prenez conscience que vous avez changé. Enfin je l'espère, car si ce n'est pas le cas, vous risquez bien de remettre le couvert et de revivre un deuxième premier mariage.

Et il en va de même pour votre partenaire. L'ex de l'autre est une mine d'information, mais même avec les plus gros ordinateurs vous n'en tireriez qu'une information incertaine qui en plus briderait la spontanéité du couple nouveau. En conclusion, ne vous prenez pas la tête, l'ex n'est qu'une source incertaine d'information que de toute façon vous risquez de découvrir par vous-même… après la période de la lune de miel.

Rejoindre le rang des ex

Et si vous deviez vous séparer, vous aussi ?

Car bien sûr vous n'envisagez pas un seul instant que ce mariage ou cette nouvelle union puisse se terminer par un divorce ou une nouvelle séparation. Si c'était le cas, cet ex de l'autre deviendrait en quelque sorte votre collègue, un compagnon de route, une étape sur le cheminement de celle qui deviendrait ainsi votre ex à tous les deux. Compagnons de la même infortune, ex-partenaires de celle qui vous est devenue importune, vous pourriez même découvrir chez cet autre laissé pour compte une lueur de sympathie.

Chapitre Deux

Le couple 2.0

Le remariage est le triomphe de l'espérance sur l'expérience.
(Samuel Johnson)

Les deux amours

> *Pourquoi les gens qui s'aiment*
> *Sont-ils toujours un peu les mêmes*
> *Ils ont quand ils s'en viennent*
> *Le même regard d'un seul désir pour deux*
> *Ce sont des gens heureux*
> *Pourquoi les gens qui s'aiment*
> *Sont-ils toujours un peu les mêmes*
> *Quand ils ont leurs problèmes*
> *Ben y a rien dire, y a rien à faire pour eux*
> *Ce sont des gens qui s'aiment*
> *William Sheller, Un Homme heureux*

Si vous avez déjà connu l'expérience d'un sentiment amoureux qui s'empare de vous, vous transporte et vous connecte d'une manière tellement intense à la vie, vous savez que cet état ne peut durer toute une vie. La bonne nouvelle c'est que le *couple 2.0* est l'espace relationnel qui vous donne à vivre dans la durée ce sentiment amoureux. L'élan émotionnel des premières amours est la bande-annonce, le *couple heureux* est le film dont vous êtes (ou serez) l'acteur ou l'actrice principal(e). Beau programme, non ?

Chaque fois que nous aimons, et c'est particulièrement perceptible lorsque l'amour est naissant, nous avons l'impression d'être plus vastes et d'être connectés à ce côté plus vaste de l'autre. Il y a de la magie dans cette expérience et cette magie vient de ce qu'elle court-circuite tous nos schémas habituels, nos limitations mentales, nos croyances sur la vie. Notre cœur s'ouvre et notre cerveau ne suffit plus à endiguer l'intensité de notre ressenti.

Cette forme d'amour inconditionnel est l'amour du cœur et de l'âme. C'est un pont qui unit notre être profond à la vie, à l'autre, à l'univers. C'est le fonds de commerce des romans d'amour à l'eau de rose et des plus belles pages du cinéma romantique « made in Hollywood ». Je n'ai jamais été fort intéressé par les romans d'amour, mais je dois reconnaître qu'il m'arrive de flancher et de regarder certaines comédies romantiques justement parce qu'elles nourrissent cette sensation d'amour inconditionnel.

Mais aussi formidable à vivre que soit cet amour du cœur, il ne peut écarter d'un revers de la main notre dimension terrestre. Car nous ne sommes pas que des cœurs purs, nous sommes des êtres vivants, des êtres de chair, acculturés, civilisés (du moins on essaie). Nous avons un boulot, des enfants peut-être .. Bref, il nous faut garder les pieds sur terre.

Il nous faut donc accepter l'idée de concilier ce bel amour inconditionnel avec une forme d'amour que l'on pourrait qualifier de conditionnel et qui regroupe nos critères, nos contraintes, nos besoins personnels.

Eh oui, l'atterrissage est dur. Je sais. Mais que voulez-vous que la bonne y fasse ?

Le remariage est l'alchimie qui marie l'eau et le feu, le jour à la nuit, l'amour conditionnel à l'inconditionnel. J'évoquerai plus loin ce que j'entends par ces fameuses conditions qui doivent faire grincer des dents pas mal d'entre vous. De même j'aborderai la dimension passionnelle du *couple 2.0*

Mais sachez déjà distinguer la subtilité de l'assemblage délicat que je vous propose. Il est impossible de n'écouter que le oui de son cœur qui nous imposerait d'accepter sans condition tout ce que l'autre veut ou fait. Il n'y a que les redditions qui sont sans condition. L'amour inconditionnel n'a rien à voir avec se forcer à aimer ce que l'on n'aime pas. Ce n'est pas dire oui quand on veut dire non. L'amour inconditionnel est une qualité de connexion à l'autre, d'être à être, au-delà de ce que nous pouvons ou ne pouvons aimer chez l'autre. L'amour inconditionnel c'est dire oui à l'autre, mais pas nécessairement à ce qu'il ou elle fait, à ses habitudes, à ses attitudes, ses exigences

L'heureux mariage

ou même ses demandes.

C'est en cela que le remariage fait naître le *couple 2.0* cet être à deux têtes, deux cœurs et deux corps, ré-unis. Dans le couple deux point zéro, nous sommes deux et ne sommes point zéro. Nous ne fusionnons pas, nous co-existons. Pour celles et ceux qui ont connu une précédente union, co-exister c'est, ensemble (co), sortir de l'emprise de l'ex (ex-ister) pour entrer dans un nouveau NOUS. Ce nous tient du noûs (νοῦς) de l'Antiquité grecque qui est l'esprit, la partie la plus divine de l'âme. Le *couple 2.0* fait entrer les partenaires dans une nouvelle dimension, celle qui leur fait voir les choses sous un autre angle, d'une façon nouvelle.

De leur expérience antérieure de *couple 1.0*, ils ont appris plusieurs leçons. La première leçon est la conscience chez chacun des partenaires d'être **responsable de ses propres besoins**, de son propre bonheur. Aucun des deux partenaires ne s'attend à ce que l'Autre comble ses besoins et encore moins que l'Autre le rende heureux autrement qu'indirectement.

Mon bonheur m'incombe même si tu y contribues.

La deuxième leçon est la prise de conscience chez chacun des partenaires de l'envie de contribuer au bonheur de l'autre, de contribuer à faciliter la satisfaction de ses besoins.

Je ne peux pas faire ton bonheur, mais je peux y contribuer.

La troisième leçon est la conscience profonde de **contribuer à créer un espace de confiance et de sécurité** qui sont les fondements de la relation si je veux qu'elle s'inscrive dans la durée.

Dans 2.0, il y a 2...

Le *couple 2.0* est la pleine conscience de ce 2. Celui de l'altérité assumée. Deux est le plus petit nombre qui permette la complicité. Le *couple 1.0* a brillamment démontré combien il est vain d'espérer quelque état fusionnel que ce soit qui nécessairement va à l'encontre de l'épanouissement personnel de chacun. L'Autre est autre. L'Autre reste autre et c'est auprès de cet Autre que je cherche à m'épanouir.

... et il y a 0

Le 0 du *2.0* est une bulle, un univers en soi. Un espace de ressourcement. La base d'où l'on prend son envol pour aller vers soi. C'est le creuset de l'alchimiste qui transforme la solitude ontologique en présence. Vivre en *couple 2.0* c'est choisir d'évoluer sous le regard d'un alter ego : l'autre altère mon ego. L'autre fait exploser mes carapaces, celles que je me suis construites pour assumer ma solitude et me protéger des périls de la vie.

AMOUR EN 3D

LE *COUPLE 2.0* EST un couple d'amour, mais pas l'amour fleur bleue. L'amour dont il s'agit est un amour de lien, un amour qui réalise cette union improbable entre deux êtres vrais sans qu'aucun des deux ne se perde dans cette métamorphose. Le *couple 2.0* donne à chacun d'être encore plus soi et d'être en même temps part d'un NOUS.

Chacun de nos yeux nous transmet une image en 2 D. Ce couple d'images en deux dimensions crée une troisième dimension, la vision en relief. Ce qu'aucun des deux yeux ne peut voir isolément devient soudain accessible. Nous percevons la profondeur.

Il en va de même pour le *couple 2.0*. Seuls, nous vivons des relations d'amitié, nous pouvons éprouver du désir pour des personnes ou des objets. Nous pouvons vivre des passions, mais en couple nous vivons l'amour dans ses trois dimensions que sont le désir, l'amitié et la passion. L'alchimie amoureuse est aussi intuitive qu'exigeante. Enlevez une de ces dimensions et le *couple 2.0* est rétrogradé au rang 1 voire disparaît. Explicitons ces dimensions pour plus de clarté en précisant qu'il n'y a pas d'ordre de priorité entre ces trois dimensions, mais il faut bien commencer par une, suivre par la deuxième et finir par la dernière.

La première dimension : le désir

Le désir est la dimension charnelle de l'amour, l'attirance des corps, l'envie de toucher, l'envie de caresser, l'envie de humer, l'envie de frôler, l'envie de faire vibrer. C'est l'amour porneia (πορνεία) chez les Grecs. La simple vue de l'autre, quelques secondes en sa présence et notre équilibre neurochimique est perturbé. Nous devenons une usine chimique. Une production d'hormones nous transforme. Nous recontactons notre état de mammifère avec ses bons et moins bons côtés.

Cette dimension, quand elle bascule dans l'excès, devient l'amour qui dévore, qui transforme l'autre en objet, celui de notre désir. À lui seul, le désir est insuffisant pour une relation épanouie même s'il nous faut reconnaître qu'il peut nous faire passer de bons moments.

La deuxième dimension : l'amitié

L'amitié est ce lien sélectif qui nous fait préférer une personne à toutes les autres. Elle engendre le plaisir d'être ensemble, de partager les bons comme les moins bons moments. Dans la relation amoureuse, l'amitié ouvre les frontières du moi pour englober l'autre de sorte que l'envie de contribuer à son bien-être s'impose tout naturellement. Source de notre bienveillance envers l'autre elle fait naître en nous le désir d'agir pour lui faire du bien, de l'assister voire de le (ou la) secourir.

En ouvrant les portes de notre authenticité, l'amitié rend possible l'expression de notre vulnérabilité, sans jugement, sans besoin de paraître, connivence et partage sans faux-semblant qui nourrit l'immense curiosité de découvrir l'autre même lorsqu'on croit le connaître.

Dans le fouillis de nos vies, dans la nuée des petits et grands tracas du quotidien, l'attention à l'autre peut agacer ceux qui ne la vivent pas. Les « couvre-toi bien. », les « Ne prend pas froid. », le « Que vais-je faire à souper qui lui plaira ? » donnent la touche de gentillesse qui transforme un quotidien qui autrement serait bien morne. Il y a dans ces formes d'attention de la banalité, de la petitesse, du petit plaisir qui invitent au mépris ou au sarcasme désabusé et qui pourtant font de la vie à deux un moment de vie tout en délicatesse.

La troisième dimension : la passion

Et enfin — et on se demande comment elle a fait pour tenir jusqu'ici, tant elle est bouillonnante —, il y a la passion.

La passion est cet état affectif intense qui dans d'autres contextes peut se focaliser sur des objets (une belle maison, une belle voiture, une médaille) ou des activités (mon hobby, mon sport, la musique).

Dans le contexte du couple, la passion est centrée sur l'autre et le transforme en être cher. C'est l'amour inconditionnel que j'évoquais plus haut. Cette passion fait tourner la tête. Elle peut faire perdre la raison. Elle nous amène à agir de manière parfois extravagante tant l'autre occupe une place centrale dans notre vie. Cette passion transforme les heures en minutes quand l'autre est là et les minutes en heures en son absence. Elle atténue les kilomètres quand il s'agit de le retrouver ou de la rejoindre. L'envie de retrouver l'autre est omniprésente. Notre passion peut être plus forte que nous, car elle est **la force du nous en nous**.

Les trois sinon rien

Retirez une de ces dimensions et l'amour devient boiteux. Sans amitié, l'autre est ramené à l'état d'objet de mon désir et d'os à ronger de ma passion. Sans le désir, le couple se fera platonique ou ne sera en réalité qu'une relation d'amitié. Enfin, ôtez la passion et vous verrez ces couples copains-amants qui s'entendent sur de nombreux plans, qui ont certes des relations sexuelles, mais qui ne leur font pas perdre la tête. Ils vivent une forme d'amitié charnelle, mais sans magnétisme passionnel. Une communion de points de vue et de jouissance, à l'abri de toute forme de jalousie au point d'en accepter ici et là quelques libertinages.

Ces trois dimensions présentes dans l'amour du *couple 2.0* évoluent dans leurs proportions. Le *couple 2.0* naîtra probablement plutôt dans la zone d'influence de la passion et du désir, mais pourra également naître de la métamorphose d'une amitié lorsque l'un des deux « complices » bousculera la norme du « pas de sexe entre amis » qui leur révélera la pleine dimension de ce qui les unissait.

Trop de passion tue l'amour (en neutralisant notre raison), trop d'amitié tue le désir (quand la rencontre des âmes laisse le lit froid), trop de désir tue l'amitié (en ne voyant plus l'autre telle une personne, mais comme l'objet de notre désir). Si ces trois dimensions sont essentielles dans leur présence et leur dosage, il ne faut pas pour autant réduire l'amour à une équation à trois inconnues. Il faut les baigner dans la magie, dans l'alchimie des sentiments, dans la transmutation des êtres. Amitié, désir et passion sont les trois pieds du tabouret sur lequel les amants se hissent pour découvrir la quatrième dimension du couple qui est spirituelle ou transpersonnelle. Je l'évoquerai plus loin.

LE CHECK-LIST

Moi rencontrer quelqu'un par internet ? Jamais ! Ce n'est plus des rencontres, c'est du shopping ! Où est le romantisme, la magie de la rencontre ?

Désolé de vous l'apprendre, mais d'après une étude publiée par l'Académie Nationale des Sciences des États-Unis, sur 19 000 Américains s'étant mariés entre 2005 et 2010, 35 % de ces couples ont déclaré s'être rencontré sur internet. Et vous serez encore plus étonné d'apprendre que ces couples sont statistiquement plus heureux si l'on se base sur le plus faible pourcentage de séparation de ces couples nés sur la toile.

Ainsi donc, nos idéaux romantiques de la rencontre inopinée sur la terrasse d'un café, lors d'une soirée apéritive ou à l'occasion d'un vernissage d'une exposition de peintures se voient remplacés par quelques soirées passées seul(e) devant son écran à cocher une liste de qualités désirées qui filtreront nos candidats amoureux. Loin de moi l'idée de vous inviter à rejoindre la communauté des couples qui se rencontrent sur internet. Faites-le si cela vous paraît acceptable. Ne le faites pas si vous ne le sentez pas et optez pour les formules classiques.

Mais ce qui me paraît intéressant et que cette étude révèle, c'est que le fait d'établir la liste des qualités et des défauts que l'on attend ou rejette chez l'autre — étape préalable à la mise en ligne de votre profil sur un site de rencontre — engendre des couples qui se disent plus heureux et donc plus stables. Choix de la localité, diplôme et études suivies, situation professionnelle, âge, traits de caractère, plutôt casanier plutôt sorteuse, c'est vrai que ces formulaires à remplir tiennent plutôt de la liste de courses que de la rencontre romantique. Pourtant, nombre de coaches de couples recommandent de clarifier nos attentes. À défaut nous disent-ils, c'est notre inconscient qui fera le tri.

Je n'irai pas jusqu'à vous faire faire une telle liste (mais je ne vous en empêcherai pas non plus). Par contre, je voudrais vous proposer de parcourir quelques qualités qui me semblent être de nature à favoriser l'éclosion du *couple 2.0*. Si vous êtes à la recherche du partenaire de votre vie, cela pourrait vous aider. Ces qualités sont d'ailleurs plus en lien avec la relation qu'avec les qualités de votre partenaire.

L'attention

Ils sont jeunes, et tendres. Ils se sont rencontrés, il y a peu. Telles des colombes, ils sont toujours près l'un de l'autre, prêts l'un pour l'autre. Autant leurs émotions sont fortes autant ils sont conscients de la fragilité de la relation naissante. C'est qu'ils sont déjà passés par des échecs, des relations qu'ils voulaient durables, mais qui ne le furent pas. Si leur précédente relation — qui ne pouvait être, cela va sans dire, qu'une relation 1.0 — s'est arrêtée, faute d'amour et d'attention, ils ne veulent pas que cela foire cette fois-ci. Car ils sentent tous les deux que quelque chose est différent cette fois. Leurs précédentes unions leur ont ouvert les yeux. Et s'ils baignent dans leur océan d'amour réciproque, ils marchent sur des œufs, histoire de ne pas commettre d'impair, de mettre toutes les chances de leur côté, de ne rien faire qui déçoive. Il lui prend la main un peu vivement, il se confond en excuses. Elle plaisante, mais immédiatement le rassure que ce n'était pas contre lui. Ils sont aux aguets pour détecter le besoin ou le désir de l'autre avant même que celle-ci, que celui-ci s'en aperçoive. Ils ne prennent aucune décision relative à leur emploi du temps sans demander l'avis de l'autre. Bref, une attention de tous les instants, une attention qu'ils ne pourront bien sûr pas maintenir sur le long terme. Cette attention, ils devront la transformer. Ils devront passer de « faire attention » à « avoir de l'attention ». Car cette attention, aussi mignonne soit-elle, est condamnée si elle ne se métamorphose pas. Elle est la graine de l'attention de l'un pour l'autre, l'envie de faire plaisir qui ne s'explique pas tant elle s'impose. Il n'est alors plus question de faire gaffe, de ne pas faire de faux pas, mais bien de faire plaisir, d'aider, de rendre la vie plus facile. Sans contrainte, sans obligation, et encore moins sans menace. Faire plaisir, gratuitement, juste pour faire plaisir, car cela nous emplit de joie de voir la joie de l'autre.

Cette mutation ne se produit que dans le *couple 2.0*, car dans le *1.0*, cette attention prudente et si charmante et touchante des premiers jours se mutera en « après tout ce que j'ai fait pour toi » ou en « maintenant c'est bon, soyons nous-mêmes, maintenant que la relation est établie et que le risque de rupture prématurée est évité ».

L'attention du *couple 2.0* est un choix, une envie, une évidence.

Complémentarité

Vivre en couple avec soi-même serait un enfer. Vous ne pensez pas ? Rencontrer mon jumeau ou ma jumelle parfaite aurait le don d'exacerber mes excès, mes lacunes et magnifierait mes qualités à la limite du supportable. La rencontre amoureuse est avant tout la rencontre de la différence. L'autre est autre et c'est ce qui m'attire dans l'autre. Mais pas n'importe comment. Il faut que je m'y retrouve quelque part.

Quoi de plus différent que le café et le lait ? L'un est chaud, noir, aqueux et d'origine végétale. L'autre est laiteux, blanc et d'origine animale. Mettez un nuage de lait dans votre café du matin et vous verrez comme ils sont différents. Puis laissez votre cuillère magique agir et faire de cet assemblage de liquides différents un doux café au lait et vous aurez compris ce que peut être un couple. Le café se suffit à lui-même. Il y a longtemps qu'il n'a plus rien à prouver. Pour le lait, c'est idem. Demandez aux veaux ce qu'ils en pensent. Pourtant lait et café aspirent à

L'heureux mariage

être ensemble. Et si le lait se fait mousseux, si le café suffisamment corsé, ensemble ils produisent ce délicieux cappuccino que vous sert le garçon sur cette magnifique terrasse de Venise.

Si vous avez déjà assemblé un puzzle, vous aurez mis la centaine de pièces dans le couvercle renversé puis vous avez cherché deux pièces que vous pourrez assembler. Si le puzzle est difficile, il vous faudra chercher. Comment faites-vous pour trouver la deuxième pièce ? Vous la repérez par ressemblance, couleur, dessin, contraste, mais surtout par intuition. Puis soudain, vous la tenez. Elle est là ! Plaisir de les assembler et de voir comme elles s'emboitent à merveille. Moment d'euphorie qui vous motive à continuer.

Pour la rencontre, c'est la même chose. Nous sommes des milliers à chercher la personne qui nous convient. Chaque pièce du puzzle est différente et se complète. Et n'essayez pas de trouver une pièce d'un autre puzzle. Cela ne marche pas, car les pièces doivent être compatibles.

Revenons un instant sur la complémentarité et en particulier la complémentarité des tâches, question qui peut s'avérer très sensible, car elle révèle les indices du changement culturel que nous vivons depuis plus d'un siècle et qui va vers un rééquilibrage vers plus d'égalité homme-femme.

Quelles sont les tâches à faire ? Quelles sont vos aptitudes ? Quelles sont vos préférences ? Qu'aimez-vous faire et qu'aimez-vous moins faire ? Nous arrivons toutes et tous dans le couple avec des envies et des aptitudes différentes et avec la conscience et le désir de tout mener à bien pour le bien-être du couple. Chaque couple doit trouver SA recette. Celle qui leur convient. Ils pourront ainsi opter pour une répartition correspondant aux clichés du siècle passé, elle dans la cuisine et lui dans le garage, mais aussi d'imaginer d'autres combinaisons qui leur conviennent mieux. Et c'est le seul critère pertinent : ce qui leur convient le mieux. Choix rétrograde, moderne ou innovant, peu importe. La question est de savoir si cela convient aux deux. La manière de répartir les tâches au sein du couple est un processus qui contribue à sa cohésion, chacun agissant au mieux pour le bien commun.

Rangement, démarches administratives, bricolage, cuisine, nettoyage, configuration des divers objets technologiques qui nous envahissent (tablettes, ordinateur, programmation du chauffage, cafetière, four à vapeur..), décoration, choix du cadeau à un ami, préparation logistique des voyages, itinéraire, nettoyage du grenier, autant d'activités qui requièrent des aptitudes particulières — et parfois cette aptitude se limite à du courage et de l'huile de bras —. Et tout le monde sait que si l'on fait bien ce que l'on aime, il faut aussi que les autres choses se fassent.

Cet équilibre doit être souple. De temps à autre, les rôles peuvent être inversés. Cela permet d'éviter le piège de la compétence renforcée emprisonnante qui peut, en douce, amener un des deux partenaires à se retrouver cantonné(e) dans un rôle dont il ou elle ne peut plus sortir.

Prenons un exemple bateau pour expliquer ce concept. John se débrouille bien avec la paperasserie administrative. Marie connaît bien son lave-linge qu'elle a hérité de sa précédente union. Si John ne s'intéresse pas au lave-linge, il continuera de ne pas savoir comment « lancer une machine » ce qui amènera Marie à augmenter son expertise de machine en machine. La différence d'énergie à investir pour la même tâche entre John et Marie deviendra vite exorbitante et confinera cette dernière dans le rôle de « responsable lessive ». Vous l'aurez compris, ce processus n'a rien à voir avec la complémentarité que j'évoque, car Marie a de moins en moins de choix. Plus elle exécute la tâche plus elle devient efficace. C'est la loi de la compétence renforcée emprisonnante. Il faudra que John fasse l'effort d'apprendre à lancer des lessives, même s'il le fait moins aisément, pour que Marie ait vraiment le choix de prendre ou non sur elle cette tâche. Le couple trouvera ainsi son équilibre dans la complémentarité assumée, car pendant que Marie finira de s'occuper du linge, John aura rentré le bois pour la flambée cocoon du soir. La lessive est un exemple, mais je pourrais aussi évoquer la réservation de tickets d'avion sur internet, les tâches d'entretien quotidiennes, le remplacement des ampoules défectueuses, l'achat de piles, la promenade du chien, la programmation de l'enregistrement du film du soir, etc.

Il est aisé de vérifier cette complémentarité assumée. Si, par exemple, je m'occupe du changement d'heure d'hiver et d'été de toutes les horloges de la maison et que je me dis : « Pffh, c'est toujours moi qui dois m'occuper de cela, elle ne voit même pas ce que je fais » ou « Cela ne lui viendrait même pas à l'idée de prendre l'initiative de changer l'heure des horloges de la maison », il y a de fortes chances que je me sens dans une situation déséquilibrée. Je le fais parce que ça doit être fait. Si par contre, je passe du four au réveil dans la chambre à coucher en me réjouissant de faire cela pour le bien-être de tous et en plus de le faire avec facilité, si en plus je sais que pendant ce temps ma partenaire fait autre chose pour le même bien-être de tous, je peux alors être rassuré sur l'équilibre et la complémentarité assumée par chacune et chacun. Inutile de se perdre dans la comptabilité pinailleuse de chaque tâche exécutée par l'une ou l'autre. Chacun est conscient d'agir pour tous les deux.

Compatibilité de goûts et valeurs

Qui se ressemble s'assemble. Les extrêmes s'attirent. Voilà deux proverbes qui s'opposent. Alors qu'en est-il ? Tenter une vie à deux avec une personne qui ne partage pas vos goûts — voire qui a des goûts opposés — aura le mérite de vous faire acquérir une expertise certaine dans l'art du compromis. Et s'il y a peu de compatibilité de valeurs entre vous, l'aventure risque d'être haute en couleur. Nos valeurs sont nos unités de mesure. Elles donnent sens à notre expérience et si nous évaluons celle-ci à l'aulne d'unités différentes, il y a peu de chance de vivre la vie à deux avec la même satisfaction. Prenons un exemple. J'écris ces lignes à New York qui mérite bien cette réputation de « city that never sleeps ». Il y règne une densité de bruit, de personnes, une trépidance qui satisfera les citadins en mal de vie nocturne, de stimuli intenses, de bains de foule. Si vous êtes du genre « tranquille à la campagne » et votre partenaire « virée jusqu'au bout de la nuit », votre appréciation de la vie new-yorkaise sera probablement différente. Si vous êtes plutôt lecture et elle télévision, si elle aime l'opéra et vous le rap, si elle est végane et vous hamburger, vous surferez en permanence dans le compromis ou le sacrifice de l'un puis de l'autre.

Les goûts et valeurs des partenaires du *couple 2.0* ne doivent pas être les mêmes. Ils doivent être compatibles ou en tout cas conciliables. Cette compatibilité se mesure dans les choix d'activité qui doivent permettre tantôt de partager des activités ensemble — vous aimez tous les deux la marche nordique —, tantôt de vous réserver du temps pour vous, pour votre activité favorite pendant que votre partenaire fait la sienne.

Le *couple 2.0* n'est pas dans le tout ensemble, il est dans l'habile assemblage d'activités en commun et de temps pour soi.

Les partenaires du couple 2.0 vivent dans une dépendance choisie et voulue. Ils sont en état de reprendre leur indépendance.

Autonomes... deux êtres verticaux

S'il y a bien une caractéristique de l'heureux mariage, c'est bien l'autonomie de chacun des partenaires. Étonnant ? Pas tant que cela, croyez-moi. Le contraire de l'autonomie c'est la dépendance. Totalement étrangère au désir d'être ensemble, la dépendance est le fait de ne pas pouvoir vivre sans l'autre. C'est une voiture sans roue, un adolescent sans wifi, une bière sans mousse. Si je suis dépendant de l'autre, je suis incomplet. J'ai BESOIN de l'autre comme mes poumons d'air. En AïkiCom (aïkido communication), je parle beaucoup de la verticalité comme la qualité essentielle de l'être. La verticalité est la caractéristique de notre humanité, de notre dignité. L'être humain adulte a les pieds ancrés dans le sol et se dresse vers le ciel alignant ainsi ses trois centres, le centre somatique au niveau du ventre, le centre émotionnel dans la région du cœur et le centre cognitif, la tête.

Lorsque deux êtres verticaux — c'est-à-dire autonomes — se rencontrent, ils sont déjà en équilibre. Ils sont équilibrés. Ils n'attendent pas de l'autre qu'il ou elle l'aide à tenir debout. Ce sont des êtres humains, pleinement humains et ils s'assument comme tels. Les êtres dépendants sont plutôt dans le style tour de Pise. Ils ne sont pas en équilibre. Ils penchent vers ce qui leur manque. En guise de partenaire ils cherchent plutôt une béquille pour se tenir debout, un mur contre lequel s'appuyer. Quand un être dépendant rencontre quelqu'un, c'est pour combler ses besoins, pour que l'Autre réponde à ses attentes et le rende heureux. L'autre est un moyen pas une fin.

Résumons-nous

La vie du couple 1.0 est un chemin de prise de conscience où l'on découvre qu'il est vain d'espérer vivre en permanence dans une sorte d'état fusionnel ou que l'Autre ne sera jamais une béquille pour compenser mon manque de stabilité. Les partenaires 1.0 auront alors le choix. Soit ils se séparent, soit ils mettent en place des stratégies permettant de surmonter leur déception et de continuer de vivre ensemble et en bons termes.

Le chemin du *couple 2.0* se fera lui en sens inverse. Fort de l'enseignement de l'épisode 1.0, les partenaires découvriront le délice, pour deux êtres autonomes et responsables, d'oser se montrer vulnérable, condition nécessaire pour tenter l'aventure extraordinaire d'aller à la rencontre de qui ils sont vraiment. C'est en faisant du couple un espace de confiance et de sécurité affective conscient qu'ils y parviendront. J'y reviendrai plus tard.

Engagement, sécurité affective

LA VIE EST MOUVEMENT. Il y a des hauts et des bas. La relation du *couple 2.0* est une relation de haute mer. Il y a les tempêtes, avec ses vagues et ses bourrasques et il y a la mer d'huile. Mais toujours, sous la surface, il y a la profondeur, il y a cette immense quantité d'eau qui n'a que faire des éléments qui agitent sa surface. Le *couple 2.0* est connecté à sa profondeur. Lorsque le temps est à l'orage, les partenaires gardent la connexion avec la profondeur de ce qui les unit. Cette profondeur, c'est la sécurité affective, la profonde conviction que l'engagement n'est pas superficiel. Car la relation s'est engagée entre deux êtres autonomes qui ne se sont pas précipités dans les bras l'un de l'autre par peur de rester seuls ni pour combler un manque. Ils ont été attentifs à la résonance de leurs fréquences harmoniques les plus élevées. La sécurité affective du *couple 2.0* est l'appui qui leur offre le meilleur élan vers eux-mêmes. Si l'amour nous élance vers le ciel, c'est grâce à l'ancrage solide qu'offre la terre. Les amoureux 2.0 sont unis dans la verticalité de leur être, une verticalité qui les unit et leur offre un contact maximal entre eux et transforme le couple en un pont entre le ciel et la terre.

Le couple funambule

LE FUNAMBULE PROGRESSE PAS à pas sur son fil. Il s'applique. Il s'est préparé durant des années à vivre ce moment, dangereux certes, mais tellement vrai, tellement intense. À tout moment, il rétablit son équilibre, car celui-ci n'est pas donné. S'il ne fait pas attention, le funambule perd l'équilibre et tombe.

Si le *couple 1.0* s'apparentait plutôt à un couple somnambule, le *couple 2.0* est un couple funambule. Le somnambule dort. Le funambule opte pour l'éveil et avec le fun, il ambule. Le

L'heureux mariage

couple 2.0 est fun-ambule, il progresse dans la joie. Bonheur d'être là, bonheur d'avancer, mais sans oublier pour autant de rester attentif. Car il sait qu'il n'est pas à l'abri d'une perte d'équilibre et peut-être de chuter. Mais quelle satisfaction de progresser avec cette sensation de vivre quelque chose hors du commun. Hors du commun — hors du comme un —, le *couple heureux* s'inscrit dans le NOUS. Il a su démasquer l'illusion du UN qui caractérise les relations fusionnelles.

Le funambule sur sa corde ne marche pas comme le passant sur le trottoir. Le piéton ne se rend pas compte de l'importance de rester en équilibre, le funambule oui. À chaque pas, il est conscient du risque de chute. Le piéton ne se pose pas de question. Sa marche semble tellement évidente qu'il peut faire autre chose pendant qu'il marche. Il envoie des messages, il pense à ce qu'il a fait ou à ce qu'il fera. La répétition de ses pas, les nombreux kilomètres déjà parcourus relâchent son attention. C'est une activité routinière. Le piéton pense peu à ce qu'il est en train de vivre. Le *couple 2.0* est tellement plus proche du funambule. S'il savoure sa progression, il reste conscient que sa démarche est une démarche responsable au sens de « répondre de ». Conscient de l'importance de se questionner sur ce qu'il est en train de vivre, de la manière de le vivre. Chaque pas est un nouveau pas et il aime à se demander comment faire mieux, comment détecter l'usure ou le début d'une dégradation. C'est l'anti-grenouille dans la casserole.

> *On raconte que si vous placez une grenouille dans une casserole d'eau froide et que vous la chauffez très progressivement, degré par degré, très lentement, la grenouille va s'habituer à la montée lente de la température de l'eau. Elle se sentira d'abord dans le confort, ensuite elle se laissera aller dans une certaine torpeur, puis mourra sans vraiment se rendre compte qu'elle est en train d'être cuite.*

Rien n'est plus insidieux que l'accoutumance au bonheur. Notre corps est sensible aux variations et un bonheur qui dure peut nous y rendre insensibles. Nous nous y habituons et ne le ressentons plus. À moins de nous arrêter pour le recontacter. À défaut, nous pouvons être tentés par de nouvelles expériences, pour à nouveau ressentir le bien-être qu'elles génèrent ou simplement nous laisser aller dans la torpeur du doux bonheur dans lequel nous baignons et ne nous réveiller que lorsqu'il cesse pour se rendre compte qu'il est alors trop tard. Pour illustrer cette accoutumance, pensez à votre respiration. Avant de lire la phrase précédente, vous aviez oublié que vous respiriez. Maintenant, arrêtez-vous de respirer quelques instants ? Attendez suffisamment longtemps pour ressentir ce manque d'air. Attendez encore un peu .. encore .. encore un peu .. puis inspirez. Sentez le bonheur de sentir l'air emplir à nouveau vos poumons. C'est cela le bonheur. Ce bien-être présent que vous ne sentiez plus quand vous étiez en mode de respiration automatique.

C'est d'ailleurs ce que votre ex vous a fait ressentir dans les derniers jours de votre relation. Ce n'est pas pour rien que l'on dit « Mon ex me pompe l'air ! ». Il ou elle vous a privé de l'air dont vous aviez besoin pour vivre et vous sentir bien. La séparation vous a alors donné l'occasion de reprendre contact avec l'oxygène de la vie et vous a rendu à nouveau disponible pour l'étincelle de la rencontre. Celle qui rallumera le feu et vous fera vous sentir à nouveau vivant.

Cette attention funambulistique omniprésente dans le *couple 2.0* est une attention à ce que l'on vit et c'est une attention à l'autre. Elle se déroule sans tension. C'est une attention à lire comme une « a-tension », avec le a, alpha privatif que l'on retrouve dans atypique signifiant non typique, ou apathie, absence de souffrance, etc.. Rien à voir avec toute forme de prise de tête qui risquerait de faire perdre au funambule son équilibre si précieux.

Le couple espace d'évolution personnelle

L'Aïkido est un art martial japonais connu pour utiliser la force de l'adversaire plutôt que de s'y opposer. En ce sens, le *couple 2.0* est certainement ceinture noire d'aïkido, car, si ce sont les différences, transformées en antagonismes, qui ont fait éclater le *couple 1.0*, ces mêmes différences deviennent, dans le *couple 2.0*, la plus formidable source d'évolution personnelle que l'on puisse imaginer.

L'intimité du couple est par essence le révélateur de nos différences. Aucune autre forme de relation ne parvient à nous mettre à ce point à nu face à une autre personne. Au sens propre comme au sens figuré, d'ailleurs. L'amour inconditionnel nous a ouvert les portes de l'autre comme il a ouvert à l'autre les nôtres. Le propre du *couple 2.0* est de nous maintenir dans cette ouverture. Nous pouvons ainsi dépasser le piège du dualisme qui nous aspire à chaque fois qu'un différend naît entre nous. Ce dualisme nous pousse au « pour ou contre » au « toi ou moi » alors que l'amour du cœur nous a fait goûter au plaisir du « & ». J'utilise à dessein ce symbole, car il exprime cette boucle qui nous rassemble passant du toi au moi pour nous maintenir dans le nous, sans pour autant nous perdre. Je vous décrirai ci-dessous quatre stratégies du *couple 2.0* qui permet aux partenaires de se maintenir dans la connexion tout en restant eux-mêmes. Mais clarifions d'abord ce que peut apporter le *couple 2.0* en termes d'évolution personnelle.

Quand la relation nous enferme et nous libère

Nous sommes les fruits de l'amour. Conçus dans un intense moment de passion unissant deux amants, nous naissons et venons à la vie dans l'amour inconditionnel, intense, absolu. L'Univers fait la fête tant nous sommes géniaux, parfaits, vrais. Il ne souhaite qu'une chose : que nous soyons heureux et épanouis.

C'est après que ça dérape.

Comme il nous faut tout de même un certain temps pour devenir réellement autonomes, nous devons compter sur les autres pour subvenir à nos besoins et nous supporter dans les errances de notre éducation. Les autres, c'est d'abord nos parents. Et s'ils nous aiment — et c'est le cas pour la plupart des parents — il faut bien reconnaître qu'ils ont fort à faire de nous éduquer, de travailler, de gérer leur vie de couple, leur vie sociale, leur emprunt hypothécaire, l'entretien de la voiture et tutti quanti.

Ils ont beau être tout esbaudis — j'adore ce mot parce qu'il est rare et parce qu'il a une sonorité tout à fait agréable pour exprimer ce mélange d'admiration béate, d'amour et de naïveté que nous avons lorsque nous observons un nouveau-né —, ils vont, dès nos premières minutes sur cette bonne vieille Terre, commencer à nous conditionner pour le meilleur et pour le pire. Car dans le relationnel, il n'y a pas que les bonnes intentions qui comptent. Nos parents, de même que toutes celles et ceux que nous croiserons durant nos jeunes années ont appris à vivre avec leurs peurs, leurs croyances, leurs jugements et même leurs névroses. Le regard qu'ils portent sur nous est donc notablement déformé et comme nous n'avons que cela à nous mettre sous la dent — que nous n'avons pas encore — nous prenons, nous prenons.

C'est ainsi que, ô horreur, nous découvrons que le monde dans lequel nous avons atterri n'est pas parfait. Et pire encore : nous non plus ! C'est en tout cas ce que nous découvrons dans le regard des adultes qui nous bercent dans les distorsions de leur subjectivité.

Pourtant nous sentons, nous le sentons encore : nous sommes les fruits d'un amour absolu, le prodige de la vie concentré dans quelques kilos de chair bien rose et rebondie. Notre infini potentiel commence néanmoins à pâlir. Nous ne sommes plus si sûrs. Serait-ce une illusion ? Ils doivent être mieux au courant, ces adultes qui prennent soin de moi, non ? Et puis c'est vrai, nous vivons des expériences pas toujours agréables qui semblent venir confirmer la vision des grands. Il y a du noir qui fait peur, il y a des faims qui font pleurer, il y a des gestes qui font mal. Heureusement, il y a le gazouillis un peu ridicule de maman et le sourire niais de papa qui viennent me rassurer. Surtout, qu'ils continuent de m'aimer, car j'ai rudement besoin d'eux... pour me préparer à leur faire vivre une belle crise d'adolescence dans une dizaine d'années.

Mais n'allons pas trop vite.

Quand je souris, maman sourit. Quand je pleure, elle vient me prendre dans le berceau. Je commence à comprendre comment je peux les contrôler, mais aussi comment leur plaire .. pour qu'ils ne m'abandonnent pas.

C'est ainsi que je grandis. D'expérience en expérience, de joies en drames, de douleurs en plaisirs, je me construis une personnalité qui a appris à contrôler, à masquer, à manipuler, à faire semblant. Le tout pour me protéger et assurer ma survie dans un monde plus difficile que je me l'étais imaginé. Comme elle est loin déjà, cette expérience de potentiel infini, cet amour inconditionnel, cet espace grandiose que je sentais en moi lorsque je suis venu au monde, espace connecté à l'univers vaste dans lequel j'ai été conçu. Je ne sentais aucune limite entre moi et l'Univers. Pas de moi, pas de je. J'étais l'Univers et l'Univers était moi. J'ai maintenant construit un MOI. Je parle en disant JE et cela crée une limite claire entre moi et les autres, entre moi et le reste du monde. Et parfois face à un paysage grandiose, lors de moments privilégiés, et surtout, quand je croise le regard de la petite Nathalie qui est dans ma classe, il m'arrive de sentir qu'au plus profond de moi, bien caché et protégé par ma personnalité, par mon ego, il y a cet endroit tendre et doux à la fois, cet endroit si vulnérable, si précieux qui est une réminiscence de l'époque ou j'étais part d'un grand TOUT inconditionnel et aimant. Je sens alors ce qui s'appelle AMOUR et qui nous rappelle que nous sommes tous reliés, que nous appartenons tous à la même espèce, au monde du vivant, du monde, du cosmos.

Devenu adulte, je me suis progressivement identifié à ces personnalités que j'avais construites pour me protéger.

... est le remariage

Certaines sont en vitrine. Ce sont celles que j'ai envie que les autres voient de moi. D'autres sont cachées, car elles ne me plaisent pas. Elles recèlent mes peurs, mes hontes, mes tristesses. Et j'aurai fort à faire dans les moments difficiles de les contenir et de garder intacte mon image de façade. Dans la jungle du monde moderne, j'ai appris à me défendre, à me protéger et à attaquer si nécessaire et même parfois quand ce n'est pas nécessaire. On ne sait jamais !

Né à l'image d'une main ouverte pour accueillir le monde, j'ai appris qu'il est plus sécurisant de fermer le poing et de le serrer. C'est ainsi qu'en disant non à la souffrance, j'en suis venu à dire non à moi-même. Cette protection rigide me coupe de mes émotions et de mes ressentis et si elle était indispensable pour survivre durant mon enfance, je commence à sentir qu'elle devient encombrante et m'empêche de vivre comme je le voudrais. De plus en plus, j'ai cette sensation qu'elle me coupe de qui je suis vraiment et me confine dans un rôle qui n'est pas moi.

Et puis c'est la rencontre de l'amour, qui me plonge dans une véritable ivresse existentielle et me fait reprendre contact avec l'espace de tendresse et de douceur infinie que j'avais enfermé pour mieux le protéger. Je sens enfin une porte s'ouvrir en moi qui me remet en contact avec mon espace intérieur infini qui est — je l'avais oublié — intimement connecté au plus vaste à l'extérieur. Et c'est l'être aimé qui m'ouvre à cette expérience.

Une connexion puissante s'ouvre à moi, celle de l'amour inconditionnel qui me fait voir l'autre à travers ses protections, au-delà des apparences, au-delà des comportements, de ses qualités et de ses défauts. Cette connexion crée un état de grâce que nous vivons ensemble et qui peut nous aider à mutuellement nous libérer des barreaux construits par notre ego.

Ici, je vous invite à insérer un marque-page dans votre livre et à aller prendre une douche, pour vous réveiller.

L'heureux mariage

Ça y est ? Vous êtes revenu(e) les pieds sur Terre ? C'est bien, car nous allons d'emblée quitter la stratosphère un tantinet fleur bleue dans laquelle je vous ai entraîné(e).

C'est vrai qu'elle est belle cette idée d'aller à la rencontre de soi. Disney nous a fait croire qu'il suffit au prince, d'un baiser pour éveiller sa princesse, mais ce que l'histoire ne dit pas c'est que c'est seulement après qu'il leur faudra affronter le dragon, leurs dragons.

Dans le monde réel, cela ne se passe pas d'un coup de baguette magique. Si l'amour nous offre de devenir plus conscient, de re-devenir vivant, si le baiser éveille la princesse, l'histoire ne dit pas qu'elle se réveillera peut-être avec la gueule de bois. Le retour à soi est une re-naissance et vous savez, mesdames — et vous l'apprendrez, messieurs — pourquoi l'expression « accouchement sans douleur » n'a pu avoir été inventée que par un homme, ou par une femme qui n'a pas encore été mère. Redevenir qui nous sommes vraiment c'est comme peler un oignon. Non pas parce que cela nous fait pleurer, mais parce que, couche après couche, nous devons reconnaître, accueillir et lâcher les parts d'ombre, les personnalités cachées, les peurs, les frustrations que, sciemment ou non, nous avons dissimulées. Et ce n'est pas chose aisée même si le jeu en vaut la chandelle.

Lâcher nos conditionnements est une idée à la fois excitante et effrayante. Et notre ego n'a pas l'intention de nous laisser agir en toute impunité. Après tout le mal qu'il s'est donné pour nous construire SA réalité ! Il y a fort à parier qu'il nous invitera alors à refermer le couvercle et à revenir sous sa protection. Après tout, cela n'a pas si mal marché jusqu'ici, non ?

Une chose est sûre : la dimension intime de notre relation avec notre partenaire abat les masques. Nous avons vécu jusqu'ici en présentant au monde la personnalité que nous voulions qu'il voie et soudain le roi est nu. Et la tentation est forte d'accuser l'autre de nous mettre dans cette situation

... est le remariage

difficile.

C'est ce qui se passe dans le *couple 1.0*. Partant de l'idée que vivre en couple c'est vivre heureux, toujours et tout le temps, lorsque mon ou ma partenaire me révèle à moi-même, je ne suis pas prêt et pour me protéger, je referme la boîte et je suis tenté de repousser celui ou celle qui est responsable du malaise que j'ai ressenti.

Le *couple 2.0* garde en lui le lien d'amour inconditionnel qui les relie corps et âme, au-delà des apparences et des aléas du quotidien. Lorsqu'ils sentent qu'ils sont pris dans quelque chose qui les révèle, ils déclenchent le plan vigilance. Voyons comment à partir d'un cas concret :

Michaël est cool. Il a travaillé sur lui et ne veut pas d'un couple où on se dispute, où on s'engueule. Il aime assez cette image de lui, distant, posé, paisible, ouvert au dialogue. Mais au fond de lui, il sait — mais peut-être l'a-t-il oublié avec le temps — qu'il craint plus que tout ces disputes où l'on crie. Car cela lui rappelle les disputes de ses parents qui le faisaient sentir si vulnérable et en danger. Sa personnalité cool et posée est la stratégie qu'il a adoptée pour masquer la personnalité qu'il veut par-dessus tout cacher : celle du petit garçon fragilisé et terrifié par les cris de papa et de maman. Et lorsque Julie qui rentre de son boulot particulièrement tendue par les contrariétés de la journée se fâche sur lui et lui crie dessus, il tente de rester dans son rôle cool et posé. Et plus il parle rationnellement et d'une voix douce, plus Julie sent son moi caché de petite fille de cinq ans que l'on n'écoutait pas quand elle voulait s'exprimer, se réveiller. Lorsque notre personnalité cachée se réveille, elle active ses mécanismes de défense. Celle du poing fermé et crispé. Le ton monte alors d'un cran et cela active encore plus la personnalité du garçon apeuré de Michaël. Le conflit prend alors la forme de deux poings serrés qui se font face. Le sujet de la dispute n'a alors plus aucune importance. La bataille se déroule ailleurs.

Émotion intense chez Michaël et Julie. En tout cas

disproportionnée par rapport au sujet de la dispute. Conscience que l'autre — qui en d'autres temps est l'être aimé, l'être avec il ou elle forme un couple — s'est transformé en adversaire.

Sensation d'être soudain seul, déconnecté. Tension dans le corps, dans la mâchoire, dans les épaules.

C'en est assez pour déclencher le plan vigilance.

Vider les poumons. Respirer profondément. Relâcher les poings, la mâchoire, esquisser un mouvement pour détendre les épaules. Si sur les bateaux qui coulent, c'est les femmes et les enfants d'abord, dans le couple 2.0 c'est l'amour et la relation d'abord. Sans la relation, cette discussion n'aurait pas lieu d'être et ni Julie ni Michaël ne sont assez stupides pour scier la branche sur laquelle ils sont assis. Ils n'ont besoin d'échanger aucun mot, du moins au début, pour revenir dans la relation et voir à nouveau l'autre comme l'être aimé. Chacun pourra alors explorer en lui les personnalités qui se sont éveillées et supposer que l'autre fait de même. D'abord prendre de soin de soi, de toutes les parties de soi, car sinon, je ne suis de toute façon pas disponible pour l'autre ce qui est la voie royale pour enclencher les réflexes reptiliens d'attaque ou de défense qui déclenchent la spirale de la violence.

Puis à leur rythme, d'abord s'interroger et partager sur ce qu'ils sont en train de vivre. Si l'émotion est trop forte, prendre un temps de pause et revenir plus tard dans le dialogue. S'interroger sur les faits, sur la part de vérité et les déformations chez chacun. Le tout en en maintenant la sensation d'être connecté à l'autre. Michaël et Julie créent ainsi les conditions pour tirer de ce conflit des enseignements qui leur permettront de mieux se connaître et d'ainsi évoluer. Chaque fois qu'ils identifient ces personnalités cachées — ils les appellent leurs gremlins —, ils font un pas vers la désidentification qui les rapproche de qui ils sont vraiment.

Avec la pratique, une sorte de complicité peut s'installer et il

> *suffira à Julie et Michaël d'un clin d'œil complice pour se dire : « je vois que ton gremlin s'est réveillé. Tu peux compter sur moi pour ne pas continuer à l'alimenter et ainsi t'aider à revenir à toi ».*

Ce qu'il y a d'extraordinaire dans le couple, c'est que bien souvent, les partenaires se sentent attirés l'un vers l'autre par une sorte d'affinité de leurs ombres. Ils se sont reconnus réciproquement comme étant en état de s'aider à se dépasser. Et cette complémentarité de leurs personnalités cachées a ceci de merveilleux qu'il suffit qu'un des deux partenaires travaille sur sa propre ombre pour que celle de l'autre soit amenée à faire de même, car ne trouvant plus sa place face à l'autre qui a changé.

Dans la même situation, le *couple 1.0* n'aurait eu d'autre choix que de s'enfoncer dans la confrontation des deux personnalités conscientes, défendant leur propre vérité, alors qu'elles sont en fait devenues les marionnettes de leur part d'ombre. C'est ainsi qu'au fil des disputes, la qualité relationnelle se détériore jusqu'au ras le bol menant au rejet du partenaire. Et s'ils n'ont pas compris que le vrai problème se situe dans le processus de croissance personnelle qui aspire à se développer, ils changeront de partenaire avec le risque de recommencer le scénario.

Voyons maintenant plus en détail quatre stratégies de l'alchimie du *couple 2.0* qui transforme le plomb de la confrontation en or de l'évolution personnelle. Il y en a bien sûr d'autres que chaque *couple 2.0* pourra découvrir ou inventer.

4 STRATÉGIES ADOPTÉES PAR LE COUPLE 2.0

Les quatre vérités

Dans une discussion de couple, il n'y a pas deux intervenants. Il y a en a quatre. Si nous sommes convaincus de notre vérité, il reste que notre raisonnement n'est pas toujours à 100 % correct — et reconnaissons que dans certaines situations,

L'heureux mariage

ce pourcentage prêterait plutôt à sourire. Toujours est-il que, que consciemment ou non, nous déformons certains faits et nous en omettons d'autres. Nos biais de raisonnement, nos taches aveugles rendent nos vérités moins éclatantes que nous le voudrions. Et lorsque le ton monte, nous adoptons à nouveau la stratégie du poing fermé, crispé sur notre vérité que nous voudrions voir triompher. Dans l'opposition, nous ne voyons chez nous que notre vérité et chez l'autre que les distorsions alors qu'il est évident qu'il y a chez chacun de nous une part de vérité et une part de déformation.

Il existe de nombreuses techniques permettant de sortir de ce genre d'impasse. L'une d'entre elles consiste à identifier les parts de vérité en présence chez chacun des partenaires puis d'observer comment ils les ont déformées. Le dialogue qui naît de cette reconnaissance engendre une diminution de l'intensité émotionnelle de chacun des partenaires puisque le besoin de se battre pour défendre sa vérité n'a plus lieu d'être. Le but n'est alors plus de savoir qui a tort et qui a raison, mais de dégager les options de changement dont le couple a besoin.

*Lorsque Marie reproche à Étienne d'être **toujours** en retard, il est évident qu'Étienne n'est pas toujours — c'est-à-dire chaque fois — en retard. Marie a commencé à déformer sa vérité en généralisant son propos. De son côté, Étienne aura le choix de se ruer sur cette généralisation ou de se questionner sur son respect aléatoire de l'heure de rendez-vous convenue. Il pourra ainsi découvrir des opportunités d'évolution personnelle en devenant plus conscient de ce qu'il met en place pour arriver à l'heure, ou non. Quant à Marie, elle pourra peut-être, en marge de son reproche à Étienne, s'interroger sur cette rigueur extrême qu'elle a développée quant à la ponctualité. Elle pourrait ainsi y reconnaître la sévérité de son père quand elle était jeune et comment elle craignait plus que tout ses colères quand elle avait le malheur de ne pas rentrer à l'heure à la maison. Le couple transforme ainsi la confrontation en opportunité d'évoluer vers plus de conscience de leurs* *automatismes.*

L'intelligence du nous

« C'est mon avis et je le partage »

Si je me cantonne dans mon point de vue et que l'autre fait de même, nous risquons de rester bloqués dans le désaccord. Se joindre à l'autre et observer la situation dans son ensemble permet à la fois de changer de point de vue et de développer des synergies inattendues. Quand la discussion tourne en rond, adopter la position du « nous » — de ce qui est important pour le couple — permet de désenclaver la réflexion.

Le *couple 2.0* fait appel à l'intelligence de la relation. Dans le conflit, mon ou ma partenaire m'aidera à équilibrer la vision d'ensemble en me rappelant mes qualités que je nie en moi, les émotions que je ne dis pas, mais que mon corps exprime, les choses que je ne vois pas ou que je ne veux pas voir. L'intention n'est pas de prendre en défaut ni de déstabiliser, mais de revenir dans le grand NOUS qui désarme nos personnalités conscientes et inconscientes. Les situations difficiles qu'affronte le couple sont parfois des signaux qui poussent les partenaires à apprendre ensemble plutôt qu'à se combattre. La célèbre maxime « Vivre en couple c'est résoudre les problèmes que l'on n'aurait pas connu si l'on était resté seul » prend ainsi un nouveau sens en nous révélant le potentiel d'évolution personnelle que le *couple 2.0* nous donne à vivre.

L'esprit du débutant

Vous connaissez peut-être cette publicité qui montre un couple de personnes âgées mangeant en tête à tête sans échanger une seule parole. Seule une voix off nous récite ce que cet homme et cette femme s'échangent non verbalement. Il leur suffit d'un regard, d'une moue pour qu'un dialogue entier se

L'heureux mariage

construise entre eux.

Vivre en couple nous amène à nous connaître, à découvrir et savoir nos habitudes, nos routines, nos manières de pensées, nos préférences et nos dégoûts. Cela permet parfois de gagner du temps, de mieux faire plaisir et d'éviter des déplaisirs pouvant mener à des frustrations et des conflits aisément évitables.

Mais cette connaissance de l'autre est également un enfermement quand il prive l'autre de la possibilité de faire autrement, de penser autrement, de tenter autre chose. Et dans le conflit, cette connaissance peut avoir des effets carrément pervers quand elle génère un cortège de « je sais ce que tu penses », de « ça ne m'étonne pas que tu me dises ça » et d'« avec toi c'est toujours la même chose ».

Le sentiment de connaître l'autre nous plonge dans le passé plutôt que de découvrir ce qui est le présent, dans la sensation de ce qui est en train de se passer, ici et maintenant. L'esprit du débutant est une qualité que l'on développe dans les arts martiaux, car elle augmente notre attention dans l'instant et nous permet d'échapper au piège de l'anticipation lorsque l'attaquant esquisse un geste qui n'est qu'une feinte pour nous piéger et nous faire manquer la véritable attaque. Shoshin est le terme japonais pour exprimer cet esprit du débutant. « Je ne sais pas, je viens d'arriver ». Ne pas savoir n'est pas une marque de faiblesse, c'est une manière d'honorer l'inconnu. C'est une bouffée de fraîcheur, une porte ouverte à la spontanéité, une manière de mettre de côté ce que l'on sait — ou ce que l'on croit savoir — pour faire appel à notre intelligence plus vaste. Cette ignorance délibérée est le pire ennemi de notre ego qui a besoin de savoir, pour anticiper, pour contrôler. C'est donc une arme redoutable pour désamorcer nos mécanismes de défense inconscients et nous amener à écouter l'autre, pleinement, jusqu'au bout.

Dans le conflit, la stratégie de l'esprit du débutant consiste, lorsque je reconnais un schéma de pensée, un comportement familier, à m'arrêter et écarter la conclusion qui déjà s'impose sans laisser à l'autre l'occasion de s'exprimer. Je la garde dans un coin de ma mémoire, elle pourrait servir, mais je ramène surtout mon attention dans le présent pour voir ce qui émerge en acceptant d'être surpris... ou pas.

Les partenaires du *couple 2.0* savent qu'il est vain d'espérer complètement percer le mystère de qui est l'autre et du prodige qui les unit. Dépasser les limites de ce que chacun croit sur l'autre est sans doute un des secrets des couples qui durent.

Le dojo du couple

Les thérapeutes et les coaches connaissent l'importance de créer un espace de sécurité pour permettre le changement. Évoluer comprend toujours une part de risque. Nous devons nous aventurer hors de notre zone de confort. Cela ne peut se faire sans une base de sécurité, de confiance. À défaut, la personne qui consulte sera crispée, tendue et aura tendance à se fixer sur ce qui rassure. Si son problème est la seule chose sûre, cela ne facilitera pas le changement.

Le dojo est l'espace où se pratiquent les arts martiaux. Ce sont des endroits ritualisés qui créent un cadre de sécurité indispensable à la pratique martiale qui reste une pratique de combat et donc dangereuse. Le *couple 2.0* crée ce dojo, cet espace de confiance et de sécurité qui permet d'oser s'aventurer dans l'inconnu et de faire progresser chacun sur le chemin de son évolution personnelle. Car le *couple 2.0* n'est pas un couple qui transforme chacun des partenaires en jumeau ou jumelle. Le *couple heureux* évolue dans la pleine acceptation des différences de chacun. Il va se jouer de ces différences pour engendrer les complémentarités indispensables et surtout pour ne pas basculer dans les certitudes. « Elle fait ceci autrement que moi. Qu'est-ce que cela m'apprend sur moi ? », « Il a une autre vision des choses, qu'est-ce que cela questionne quant à ma manière de penser ? ».

Le *couple 2.0* est un espace d'évolution, car il s'inscrit dans la

L'heureux mariage

durée, durée qui crée l'espace de sécurité propice à l'évolution personnelle de chacun ou chacune des partenaires, chacun à son rythme.

2 Jeux que le couple 2.0 adore

Avant de vous parler de vous parler de vous et de faire le point sur l'état de votre union, je m'en voudrais de ne pas vous parler d'un petit jeu qui nourrit la qualité relationnelle de votre couple en compostant vos expériences du passé. C'est le jeu du « que faisais-tu quand j'avais 10 ans, 20 ans, 30 ans » et le nettoyage du monde.

Que faisais-tu quand j'avais 10, 20, 30 ans

Prenons une différence d'âge de 10 ans pour faire simple. Plus la différence d'âge est faible, moins le jeu est intéressant.

Avec dix ans de différence, l'homme regardait déjà les petites copines alors que la femme gazouillait dans son berceau. À vingt ans l'homme bichonnait sa première voiture alors que la femme jouait avec les jouets que lui avait apportés Saint-Nicolas. Le couple amoureux a soif d'amour éternel et en vient inévitablement à se demander s'ils n'auraient pas pu se rencontrer plus tôt. Et là, inévitablement, on se heurte à la différence d'âge qui crée des situations burlesques, voire scandaleuses.

« Si j'étais venu te trouver quand j'avais vingt ans, l'âge où j'ai rencontré ma première épouse, je me serais retrouvé au poste de police pour détournement de mineur ! »

Le nettoyage du monde

C'est dans le film « Nikita » de Luc Besson qu'apparaît Victor le nettoyeur. Ce rôle servira de base au film « Léon » où l'acteur Jean Reno reprend sous un autre prénom le rôle du nettoyeur, ce

... est le remariage

tueur à gages qui fait disparaître les traces de crimes. Sans être aussi « gore », il est intéressant de noter que le *couple 2.0* peut jouer un rôle essentiel de nettoyeur des quatre coins du monde, car pour peu qu'il ait un tant soit peu duré, le *couple 1.0* aura forcément laissé des traces de ses visites ou vacances en divers endroits du monde. Ces endroits sont ainsi marqués de l'empreinte de ce premier couple. Le couple nouveau aura ainsi à cœur de revisiter ces mêmes endroits pour y inscrire de nouveaux souvenirs qui effaceront ainsi les anciens ou du moins les affadiront considérablement.

Ainsi, des villes qui ont connu des crises ou des sentiments de malaise seront régénérées au goût du couple nouveau. Nouveaux regards, nouvelles photos, nouveaux restos, chaque endroit où il est passé ou qu'elle a visité est teinté de l'odeur de l'autre, de son empreinte. Si le couple nouveau ne veut pas laisser des zones d'ombres sur la mappemonde, il devra envisager d'aller nettoyer ces lieux entachés.

L'effet est miraculeux. Non seulement le lieu est « purifié », mais en plus il s'accapare la dimension temporelle en même temps que topologique : il nettoie le temps et l'espace. De nouvelles émotions, un nouveau sourire, un regard, une voix et hop, l'endroit est nettoyé et devient leur endroit, le souvenir, leur souvenir.

Chapitre Trois

Où en êtes-vous ?

« LA » QUESTION

Comme toutes les lois de la nature, la loi naturelle du *couple heureux* s'inscrit tout en douceur dans nos vies. La nature aime les transitions douces comme elle aime les ruptures. Elle est également passée maître dans l'art du camouflage. Si la question qui taraude tous les couples qui lisent ces lignes est : « Et nous, où en sommes-nous ? », la réponse n'est pas aussi simple qu'il n'y paraît.

Vous divorcez ou avez divorcé

Résolvons déjà la question la plus simple. Si, statistiquement, le second mariage est l'heureux mariage, c'est parce que lorsque nous sortons d'un divorce, à moins d'être aveugles à toutes les leçons de vie, nous en avons tiré des enseignements. Et si nous nous décidons à nous remarier, c'est parce que nous avons la ferme intention de ne pas refaire les mêmes erreurs que la première fois. Le remariage est la marque la plus ferme, la plus claire qui soit de notre engagement dans le projet de construire un *couple 2.0*.

Mais ce n'est pas gagné d'avance. Ce qui fait la beauté de l'aventure, c'est l'incertitude qui l'accompagne. Car même avec les meilleures intentions du monde, le couple peut échouer. Et s'il échoue, encore, il faudra espérer que la prochaine union soit la bonne. Sinon ce sera la suivante. Il nous faut parfois du temps pour faire de nos leçons de vie des apprentissages qui se concrétisent dans notre manière d'être au quotidien. Car le couple est exigeant. Il ne se réalise ni dans les coups d'éclat ni dans les grands moments de la vie. C'est au travers des petits actes quotidiens qu'il se révèle. Les couples heureux n'ont pas d'histoire… à raconter. Ils n'ont que la douceur des infinitésimales petites marques d'attention qui teint leur quotidien de la couleur d'un bonheur intérieur et silencieux.

Le couple uni et non marié

... est le remariage

Il y a tout d'abord la question du mariage ou de l'union dite libre. La cérémonie du mariage n'est un facteur essentiel qu'au sens où il est l'expression publique et légale d'un engagement. À ce titre il peut être un soutien dans les moments difficiles, mais rien de plus. Les couples non mariés peuvent vivre l'heureux mariage, mais je crois qu'il est important que d'une manière ou d'une autre ils marquent leur engagement. Cela peut se passer en toute intimité comme devant une petite communauté de proches. L'essentiel est l'engagement que les partenaires se font l'un à l'autre, en toute sincérité, sans masque, de cœur à cœur, d'âme à âme.

La première union

Il nous faut ensuite évoquer les couples qui vivent leur première union. Demandons-nous d'abord s'il s'agit bien de leur première union ? N'ont-ils pas vécu une histoire qui les a emportés au plus profond d'eux-mêmes de manière significative et qui pourrait faire penser qu'ils sont déjà passés par la case *1.0* ?

Il n'y a qu'eux qui puissent savoir. Mais revenons à l'union présente. Celle-ci peut avoir débuté en mode *1.0* et se muter en *2.0* par une prise de conscience du couple en cours de mariage. Je l'ai déjà évoqué plus avant, la mutation du *couple 1.0* en *2.0* est statistiquement rare et ne peut se produire à l'insu du plein gré des partenaires. Une prise de conscience est nécessaire pour passer du somme au fun, du somnambule au funambule. Méfions-nous des imitations, des Canada Dry du *couple 2.0*.

Je vis un couple 2.0, mon partenaire est 1.0

Le *couple 2.0* qui naît dans le sein du *couple 1.0* doit immanquablement bousculer les deux partenaires. Alors, désolé de vous l'annoncer, mais il n'est pas possible de vivre en *couple 2.0* avec un partenaire 1.0. C'est forcément le plus petit commun dénominateur qui l'emporte. Énorme frustration pour vous qui devez vivre cette situation asymétrique. Il vous faudra chercher hors du couple ce que celui-ci ne peut lui donner. Et là, les solutions sont multiples. Vous pouvez vous trouver un confident à qui vous pourrez tout dire, tout partager, ce qui vous permettra de faire baisser la tension interne et d'exprimer votre frustration. Vous pouvez vous engager dans une fuite en avant en enchaînant séminaires de développement personnel, spirituel ou autres, en lisant des livres inspirants, en suivant une thérapie.. ou alors en prenant un amant ou une maîtresse. L'issue de ce cas de figure est écrite d'avance, soit votre couple est condamné et vous trouverez l'énergie de vous en échapper, soit vous vous racrapotez — joli belgicisme voulant dire que vous vous recroquevillez — dans une incommensurable résignation.

Je vis un couple 1.0, est-ce grave docteur ?

Mais non, mon cher ami ! Pas du tout ma chère amie !

Le fait d'en prendre conscience me fait dire que vous êtes prêt pour le changement que cela implique ou non de changer de partenaire. De toute façon, le remariage — même dans sa forme la plus virtuelle ou symbolique — implique soit de changer de partenaire soit que votre partenaire change.

COMMENT SAVOIR ALORS ?

VOUS L'AUREZ COMPRIS, IL ne suffit pas de compter les couples que vous avez formés pour savoir si vous êtes un *couple 2.0* ou non : vous pouvez vivre et revivre indéfiniment un *couple 1.0* et il est possible de transmuter votre couple au sein même de votre première union en *couple 2.0*.

Mais alors, quels critères vous permettront de savoir où vous en êtes ?

Pour vous aider à trouver des éléments de réponse, je vous propose le tableau suivant qui pourra vous aider. Il se décompose en quatre dimensions principales qui peuvent être distinguées selon différents critères. Je vous invite à noter sur une échelle de 1 à 10 le niveau où vous estimez que votre couple se situe. Vous obtiendrez ainsi un diagramme en toile d'araignée — que les statisticiens appellent diagramme de Kiviat ou en radar — qui vous permettra de situer votre couple. Si le passage du *couple 1.0* au *couple 2.0* relève plutôt du saut quantique, cette évaluation vous montrera dans quelle dimension vous avez un travail à faire pour atteindre et dépasser le seuil de bascule.

La dimension de l'Amour

Ah l'Amour, l'Amour !

Avant d'aborder les critères de cette belle chose qu'est l'Amour, distinguons tout d'abord trois formes d'amour construites autour de notre capacité à faire la différence, dans notre relation, entre la personne avec qui nous vivons une « histoire » et son comportement :

– **L'amour conditionnel** : si je n'aime pas ce que tu fais, je ne t'aime plus. Je fais ici la confusion entre qui tu es et ce que tu fais.

– **L'amour adapté** : je t'aime et donc j'accepte l'inacceptable, je me rétrécis voire même je disparais pour permettre au couple de survivre. Ici, c'est idem, je confonds ce que tu fais avec qui tu es. La différence ici est ma réaction dans cet état de confusion.

– **L'amour inconditionnel** : je te vois toi, ton être essentiel et ce qui peut encore grandir en toi comme en moi, par notre relation. Ma capacité de distinguer qui tu es (identité) de ce que tu fais (comportement) me permet d'éviter la confusion entre « inconditionnel » et « sans condition ». Je peux t'exprimer mon désaccord à propos de ton comportement et t'inviter à chercher — ensemble ou chacun de son côté — des pistes de solutions. Le désaccord devient ainsi une opportunité de grandir de nos différences.

L'heureux mariage

Les trois critères de l'Amour ont été évoqués plus avant dans ce livre :

Amitié :

– lien sélectif qui nous fait préférer une personne à toutes les autres
– engendre le plaisir d'être ensemble, de partager les bons comme les moins bons moments.
– source de connivence et de partage dans l'authenticité
– éveille en nous le désir de faire plaisir à l'autre, de l'assister, de le (la) secourir.
– source de la bienveillance envers l'autre qui nous fait agir pour son bien-être, sans jugement, sans besoin de paraître.
– ouvre la porte de l'authenticité, de l'expression de notre vulnérabilité.

Désir :

– la dimension charnelle de l'amour, l'attirance des corps,

– l'amour porneia (πορνεία) des Grecs qui transforme notre équilibre neurochimique.
À l'excès, c'est l'amour qui dévore et transforme l'autre en objet de notre désir.

Passion :

– la force du nous en nous.

– L'état affectif intense qui transforme l'autre en être cher et donne l'envie d'être en permanence en sa présence.

Évaluez la dimension de l'Amour de votre couple :

Sur une échelle de 1 à 10, évaluez les trois critères de l'Amour

... est le remariage

	Note	Commentaire
Désir		
Amitié		
Passion		

La dimension du Projet

Un couple est avant tout un projet de vie, d'une certaine vie. La nature et l'investissement des partenaires dans ce projet d'une vie en commun détermineront la qualité du couple :

	Couple 1.0	Couple 2.0
Projet	Le projet s'inscrit dans le faire et dans l'avoir : avoir une maison, une voiture, avoir des enfants, avoir des hobbies, aller en vacances (archétype : le couple « business plan »).	Le projet s'inscrit dans l'être : le couple m'aide à grandir, à devenir meilleur, je m'épanouis. Les autres projets sont au service de ce projet du couple.
Complémentarité Compatibilité	Répartition des tâches non volontaires ou mécanique, selon les clichés homme-femme, selon des critères égalitaristes et donc identiques même si cela ne convient à aucun des deux, par jeu de pouvoir,.	Les partenaires optent pour la complémentarité assumée et souple qui augmente la cohésion du couple ; ils prennent en charge les tâches qu'ils font le mieux et ne délaissent pas pour autant les autres ; répartition acceptée par chacun, car contribuant le mieux au bonheur du couple.

L'heureux mariage

Équilibre dépendance autonomie	– J'ai besoin de toi pour vivre – Ta dépendance est source de pouvoir pour moi.	– Je pourrais vivre sans toi, mais je choisis de vivre avec toi, car je suis plus quand je vis dans le « nous » – Satisfaction équilibrée des besoins d'autonomie et d'intimité.

Évaluez la dimension du projet de votre couple :

Sur une échelle de 1 à 10 évaluez les trois critères du projet de votre couple

	Note	Commentaire
Projet		
Complémentarité, compatibilité		
Équilibre, dépendance, autonomie		

La dimension de la conscience

Cette dimension distingue le couple somnambule du couple funambule.

Le couple somnambule perd la conscience de ce qu'il vit. Il s'est installé dans la routine, ça doit marcher tout seul, sans effort sinon ce serait artificiel ; chacun croit connaître l'autre et s'intéresse de moins en moins à ce qu'il (elle) vit.

Le couple funambule est conscient qu'il doit s'investir dans la relation, pour le nourrir ; le couple reste attentif, mais sans tension et se réjouit à chaque instant du bonheur de construire leur bonheur à deux.

	Couple 1.0	Couple 2.0

... est le remariage

Gestion des conflits	Avoir raison passe avant la relation. Contrôle et pouvoir : – chacun masque ses faiblesses – le rapport de force oriente nos conflits	Les confrontations sont des opportunités d'évolution personnelle, de prendre conscience de ses propres distorsions de pensée ; Au-delà du différend, chacun garde à l'esprit ce qui les unit ; La relation avant le fait d'avoir raison
Attention	Faire attention : menace et jeux de pouvoir nous obligent à rester sur nos gardes ou à vivre chacun de son côté pour ne rien perturber	Avoir de l'attention : a-tension, l'attention sans tension, vigilance, veiller à rester conscient et nourrir le couple comme espace d'évolution personnelle
Énergie dans la relation	Croyance que la relation doit fonctionner sans effort sinon c'est artificiel Croyance que s'il y a un effort à faire, c'est à l'autre de le faire	L'authenticité et l'attention sont nécessaires pour rester dans le cercle vertueux ; La relation se déploie avec aisance parce que chacun y investit de l'énergie

Évaluez la dimension de la conscience de votre couple :

Sur une échelle de 1 à 10 évaluez les trois critères du projet de votre couple

	Note	Commentaire
Gestion des conflits		
Attention		

Énergie dans la relation		

La dimension de l'évolution personnelle

C'est la dimension spirituelle du couple qui fait que la vie à deux me permet de dépasser mes identités conscientes et adaptées pour me retrouver dans mon être essentiel. La confiance et lien m'offre l'opportunité d'oser affronter mes parts d'ombre.

Confiance	– confiance dans les actes, dans les paroles, – fiabilité, fidélité – confiance profonde dans la relation – connexion corps-esprit-âme qui unit les partenaires au-delà du matériel et du quotidien – condition de base qui permet d'oser la compassion et la vulnérabilité
Vulnérabilité	– vulnérabilité dans l'authenticité : la qualité relationnelle permet d'oser l'authenticité, nos faiblesses, notre imperfection
Intimité	– connexion de cœur à cœur, d'âme à âme – cadre de confiance permettant d'oser dépasser les enfermements créés par l'ego pour nous protéger – l'autre est un partenaire qui me challenge et me soutient dans mon évolution

Évaluez la dimension de l'évolution personnelle de votre couple :

Sur une échelle de 1 à 10 évaluez les trois critères du projet de votre couple

	Note	Commentaire
Confiance		
Vulnérabilité		

... est le remariage

Intimité		

Le diagramme radar

L'ensemble de vos notes peuvent être placées dans un tableur Excel pour vous donner une représentation graphique de l'état de votre union.

Si la surface de votre évaluation doit couvre et déborde sur la zone du *couple 1.0*, il y a de fortes chances que vous soyez dans l'état *2.0*.

Si vous êtes dans la zone 1.0, il y a de fortes chances que vous soyez dans l'état 1.0.

Enfin, et ce sera le cas le plus fréquent, vous déborderez la zone 1.0 pour certaines dimensions et pas pour d'autres.

Le diagramme radar de votre couple deviendra alors un plan d'action à mettre en œuvre pour passer au stade du *couple 2.0*.

Si c'est votre cas, n'oubliez pas de prévoir un événement, un rituel, une fête ou ce que vous voulez, mais marquez la transition.

L'heureux mariage

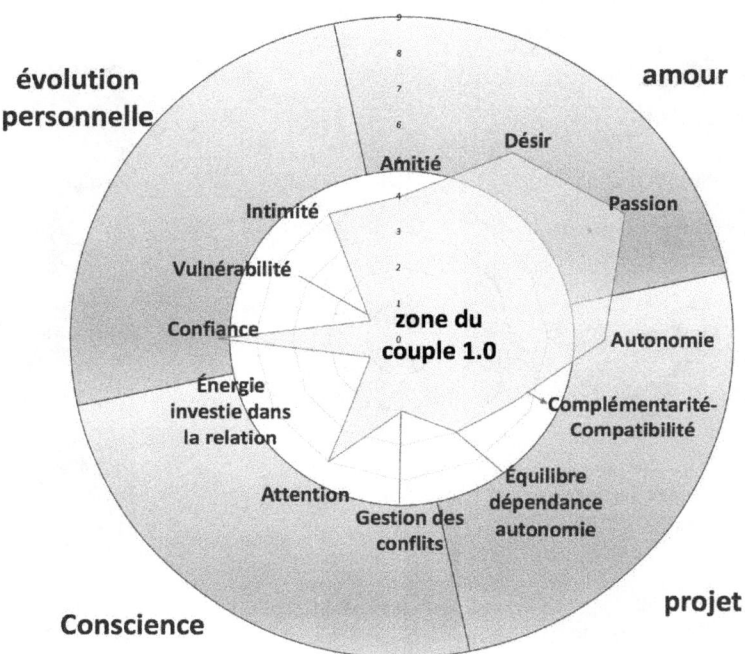

Exemple de diagramme pour un couple 1.0

... est le remariage

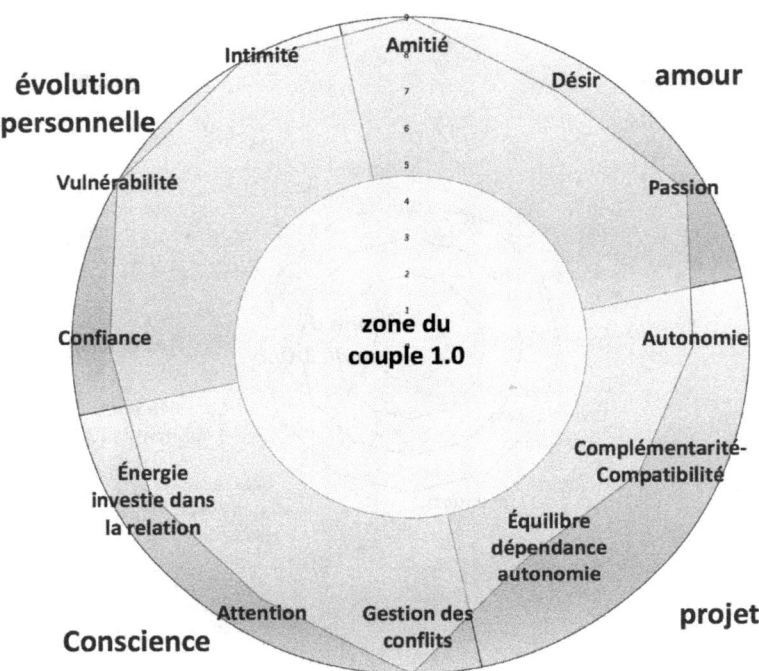

Exemple de diagramme pour un couple 2.0

Épilogue

Les hommes naissent libres et égaux en droit. Après ils se démerdent. (Jean Yanne)

Lorsque deux personnes qui s'aiment s'engagent dans une vie à deux, il n'est pas indispensable qu'il y ait mariage au sens strict, mais il faut néanmoins qu'il y ait un engagement réciproque des deux partenaires. C'est aux personnes qui s'inscrivent dans cet engagement que mes propos s'adressent, pas à celles et ceux qui n'ont d'autre ambition que de vivre ensemble au sens de partager la même adresse, voire le même lit, de cohabiter avec ou sans partage d'intimité. La question à vous poser est celle-ci : formez-vous un couple « engagé » ou — si vous êtes pour le moment sans partenaire — voulez-vous en former un ?

Si vous avez répondu oui à cette question, c'est à vous que ce livre s'adresse et vous serez intéressé de savoir si vous êtes engagé dans un *couple 1.0* ou *2.0*.

Je l'ai écrit à plusieurs reprises, si le remariage (l'heureux mariage) est synonyme de *couple 2.0* cela ne veut pas dire pour autant que le *couple 2.0* vit un bonheur constant, régulier, permanent. Les couples-re (couples heureux) vivent des moments difficiles, des tensions. De même, il est possible de vivre bien et même osons l'écrire, de vivre heureux dans un *couple 1.0*. Mais je ne crois pas que l'on parle de la même chose. Il ne s'agit pas du même bonheur. Le somnambule et le funambule sont tous les deux en train de marcher, mais ils ne vivent pas la même expérience. Pour passer du *couple 1.0* au *couple 2.0*, il faut qu'il y ait passage. Il faut une transition. Cette transition s'apparente à un éveil, une prise de conscience de ce que le couple peut apporter aux individus qui le composent. Le *couple 1.0* apporte un grand nombre de bienfaits (et de désagréments) inhérents à la vie à deux et notamment un confort et une sécurité affective que les relations picorantes qui l'ont précédé ne pouvaient apporter. Le *couple 2.0* ajoute une couche supplémentaire à ce bonheur en ouvrant les partenaires à qui ils sont vraiment. Si l'expérience du sentiment amoureux nous transporte et nous connecte d'une manière si intense à la vie, beaucoup partagent l'avis de Frédéric Beigbeder, auteur de « L'Amour dure trois ans », que cette forme d'amour ne dure pas. La loi naturelle du *couple heureux* nous explique pourquoi tant d'hommes et tant de femmes continuent de croire le contraire. L'univers n'est pas divisé en deux, ceux qui croient à l'amour qui dure et ceux qui n'y croient pas. Ces derniers n'ont pas trouvé la sortie du labyrinthe de l'amour. Ils ou elles errent éternellement en parcourant les mêmes couloirs du *couple 1.0* en pensant qu'ils (elles) ne les ont jamais parcourus et, passant de partenaire en partenaire, se consolent à coups de shots d'ocytocine. Le *couple 2.0* nous offre la formidable expérience du sentiment amoureux qui dure, dépassant ainsi la dimension strictement biologique et émotionnelle de la relation qui les unit pour entrer dans la dimension de l'être et de la reliance.

Comme je l'ai répété moult fois, il n'est pas nécessaire qu'il y ait séparation ou divorce pour passer du *couple 1.0* au *couple 2.0*. Il est possible de se « remarier » (de s'heureux marier) avec le même partenaire, mais voyons la réalité en face : ce n'est pas chose aisée. Les deux partenaires du *couple 1.0* doivent évoluer de manière réciproque et simultanée. Ce qui rend la chose difficile, c'est la nécessaire synchronisation de cette évolution de chacun des partenaires. Il ne suffit pas de cheminer, il faut cheminer ensemble. À défaut, viendra le moment où un des deux partenaires prendra conscience de tout ce qu'un *couple heureux* peut apporter alors que l'autre n'y verra qu'une prise de tête.

Les partenaires des *couples 1.0* pourront par ce livre clarifier le contexte et les conditions pour passer au stade du *couple 2.0*.

Pour les autres, celles et ceux qui ont déjà fait les frais d'une séparation, qui s'y préparent ou sont en train de la vivre, mon intention est de les aider à y voir plus clair pour éviter de leur

L'heureux mariage

faire revivre un *couple 1.0*.

Si donc

- vous vous débattez dans les affres d'une séparation ou dans l'enfer qui le précède,
- vous avez le sentiment d'avoir tout essayé et n'avez pas vécu le couple que vous espériez
- la vie à deux ne vous a pas (encore) apporté le bonheur escompté
- votre partenaire n'a pas été à la hauteur et a perdu son titre de prince ou princesse charmante pour reprendre son statut de grenouille voire même de crapaud,
- votre conte de fées s'est mué au mieux en cohabitation neutre et au pire en une série interminable de conflits répétitifs et usants,
- vous êtes dans la solitude de l'après,
- Votre union précédente s'est achevée par un claquement de porte qui vous a extrait plus ou moins brutalement du rêve que vous vous étiez construit,

c'est à vous que je m'adresse en priorité.

Peut-être vous dites-vous que tout ceci est bien beau, mais que ce n'est pas pour vous. Peut-être que la désillusion vous a ramené brutalement sur la terre ferme, peut-être avez-vous plongé dans les tréfonds. Vous n'y croyez plus. Vous avez raté le coche. Ce n'est pas que ce n'est pas pour vous, c'est pire : ce n'est plus pour vous.

Car c'est peut-être la N-ième relation qui foire avec une solide impression de déjà vu, de scénario qui se répète. Vous croyez peut-être qu'il vous faut vous résigner à vivre une relation médiocre ou simplement pas terrible. Vous brûlez d'envie d'une vie à deux, mais vous dites qu'apprendre à vivre seul est peut-être votre lot, votre destinée.

... est le remariage

C'est ce que je me suis dit, tant de fois, et si fort.

Nous ne sommes pas égaux face à la rencontre. Certaines ou certains auront à traverser des contextes sociaux, familiaux, relationnels difficiles. D'autres auront vécu une enfance dorée à l'abri de tout. Ce n'est pas tant ce que nous avons vécu que comment nous l'avons vécu qui importe. Et surtout les enseignements que nous en avons tirés. La vie nous ressert les plats que nous n'avons pas mangés avant de nous servir le dessert. Si certains ont le privilège de commencer par le dessert, d'autres ne le recevront jamais ou devront aller le chercher eux-mêmes.

J'ai la faiblesse de croire que nous recevons ce dont nous avons besoin et parfois on nous le présente, mais nous ne le voyons pas ou nous l'écartons pensant que ce n'est pas pour nous, car nous nous attendions à mieux ou parce que nous avions imaginé autre chose, ou par négligence, tout simplement.

Nous entrons alors dans une spirale de répétitions qui remet sans cesse le nez dans notre assiette jusqu'à ce que nous comprenions enfin ce que nous sommes en train de faire et ce qu'il nous faut traverser pour passer enfin à l'étape suivante.

Ce livre est teinté de l'histoire de ma vie. Vous vous en doutez. C'est le moteur qui m'a fait m'assoir devant mon clavier pour écrire ces lignes. Mais les éléments de mon histoire personnelle se sont enrichis de celle de tant d'autres, de tant de moments d'échanges, de tant de moments de douleur dont j'ai été le témoin plus ou moins proche.

J'ai longtemps cru, comme beaucoup parmi vous, que l'heureux mariage était un Graal, une utopie, une arlésienne. Que tout cela n'était qu'affabulations romantiques ou leçons de vie assénées par quelque sexologue ou thérapeute de couple donneurs de leçon et dont on n'est pas sûr qu'ils ou elles les appliquent.

C'est sans doute ce que vous pensez à des degrés divers, mais vous le pensez.

L'heureux mariage

Et c'est au moment de vous faire une raison, après avoir tant cherché sans trouver, quand vos résistances ont faibli, que soudain, l'improbable se produit.

Vos échecs affectifs répétés ont été autant d'occasions de vous questionner, et d'apprendre de vos échecs. Jamais vous ne vous êtes contenté(e) de répéter le même scénario. Vous avez fait de chaque expérience un enseignement, un apprentissage.

Vous êtes prêt(e), mais vous l'ignorez. Vous le désirez plus que tout, mais vous n'y croyez plus vraiment.

Puis vient cette rencontre. Et ce n'est que quand elle est là que vous vous en rendez compte. Soudain, vous prenez conscience que ce n'est pas la même chose. Vous avez cheminé et il ou elle aussi. Et ce moment est un précieux moment. Celui de la rencontre de celui ou celle qui est à la hauteur de votre maturité relationnelle et émotionnelle.

Vous n'en êtes plus à projeter tout sur l'autre comme dans vos rencontres 1.0. Vous assumez qui vous êtes et n'attendez pas de l'autre qu'elle ou il soit parfait, mais qu'elle ou il soit autonome. Bien seul(e) et mieux à deux.

Et vous vous dites encore que ce n'est pas pour vous. Et je me suis dit la même chose. Et malgré cela, cela s'est produit. Et la rencontre qui a ouvert l'ère 2.0 s'est produite. Et vous le savez très vite.

Et cette rencontre se produit lorsque l'on n'a plus vraiment l'impression de chercher, que l'on continue de vivre une vie sociale, mais sans fixation sur la rencontre. C'est un peu comme trouver le sommeil. Plus on essaie, moins on y parvient. Puis soudain on se réveille et on constate qu'on s'est endormi, dans un moment d'absence d'intention, en cessant de le vouloir trop fort.

L'heureux mariage ou le remariage est un éveil. Le soleil déchire les nuages après de longues journées de grisaille ou de pluie. Impossible de décrire l'effet de ces rayons sur notre peau, sur le paysage qu'il illumine. Plus rien n'est comme avant. Et vous en avez conscience. Conscience du privilège de pouvoir vivre cela. Et déterminé(e) de prolonger ce moment, de le nourrir, car à la différence du jour ensoleillé, vous avez le pouvoir de prolonger le bonheur de cette rencontre. C'est l'œuvre dont vous êtes les co-créateurs. Le concerto à deux voix qui étale son harmonie tant que vous jouez de votre instrument et que vous restez à l'écoute de l'autre pour rester dans le tempo et en accord. Vous êtes les musiciens qui savourent la musique qu'ils font naître et qui est le produit de tant d'heures de pratique, de tant de fausses notes, de dissonances, d'envie de laisser tomber. Vous êtes sur la scène, vous êtes acteur et vous savez par où vous avez dû passer pour en arriver là.

Le mariage 1.0 était une sorte de droit, une fatalité, une nécessité, une évidence. Le remariage est un privilège, le fruit de votre investissement en vous-même qui vous rend prêt à le vivre et à le nourrir.

Nous ne sommes pas égaux face à la rencontre. Certaines ou certains auront à traverser des contextes sociaux, familiaux, relationnels difficiles. D'autres auront vécu une enfance dorée à l'abri de tout. Ce n'est pas tant ce que nous avons vécu que comment nous l'avons vécu qui importe. Et surtout les enseignements que nous en avons tirés. La vie nous ressert les plats que nous n'avons pas mangés avant de servir le dessert. Et certains ont le privilège de commencer par le dessert tandis que d'autres ne le recevront jamais. J'ai la faiblesse de croire que nous recevons ce dont nous avons besoin ou du moins on nous le présente, mais parfois nous ne le voyons pas ou nous l'écartons. Car nous nous attendions à mieux, car nous avions imaginé autre chose ou par négligence. Nous entrons alors dans une spirale de répétitions qui remet sans cesse le nez dans notre assiette jusqu'à ce que nous comprenions enfin ce que nous sommes en train de faire et ce qu'il nous faut traverser pour enfin passer à l'étape suivante.

L'heureux mariage

Et maintenant parlons-en

Tout au long de l'écriture de ce livre, nous avons, mon épouse (ma seconde épouse) et moi eu de riches échanges avec d'autres couples, des femmes et des hommes séparées ou en pleine crise de divorce.

Cette loi naturelle du remariage est née de l'envie d'une provocation humoristique et a débouché sur de véritables questionnements d'une importance que nous ne soupçonnions pas.

Nous avons compris que ces échanges entre couples et ausein du couple sont la finalité de cet ouvrage. Ne prenez pas trop garde à mes délires, à mes exagérations. Elles n'ont pour seule intention que de vous pousser à vous questionner.

Et nous voudrions que ces questionnements aient un prolongement au-delà de ces pages. C'est pourquoi nous vous proposons de continuer le dialogue via le web et pourquoi pas à l'occasion de conférences et de réunions de groupes.

Rendez-vous donc sur la page http://www.vanhenten.be/heureux-mariage . Vous y trouverez des références, des liens pertinents et surtout des liens vers un forum d'échange où vous pourrez posez vos questions, répondre à celles des autres et surtout partager votre expérience et en quoi elles résonnent avec le propos de cet ouvrage.

www.ingramcontent.com/pod-product-compliance
Lightning Source LLC
Chambersburg PA
CBHW071127090426
42736CB00012B/2045